JN012216

昭和モダンキモノ
抒情画に学ぶ着こなし術

弥生美術館　中村圭子＝編

SHOUWA MODERN KIMONO
YAYOI MUSEUM　KEIKO NAKAKURA

高畠華宵「舞踏会の宵」便箋表紙
日出づる国社　大正末〜昭和初期

目次

CONTENTS

はじめに

今、大正末から昭和初年代頃の着物が若い人々から注目されています。

その理由のひとつは、現在のものに比べて格段に華やかで大胆な当時の着物文様が、現代人に新鮮な驚きを与えるからでしょう。着物は落ち着いた年配の人が着るものという既成概念をうち破るような、パワフルで自由な感覚が、現代人の心を惹きつけるのです。

それらの着物文様には西洋と日本の文化の混合が見られます。明治時代日本に流入した西洋文化は、大正時代になると庶民の間にも定着し始めました。電話・ラジオ・写真機・蓄音機・タクシー等が生活の中に浸透し、映画やカフェという娯楽場が増え、デパートで買い物や食事を楽しむことができるようになってきたのです。そのように、社会相が急激に変化しつつあった時代の活気や、エキゾティックな未知の美を貪欲に取り入れようとしていた時代のパワーというものが、着物の文様に反映されているのです。

さらに、女学生や文学青年の間に漂っていたセンチメンタルで享楽的、耽美的な雰囲気をも、当時の着物は感じさせてくれます。

このような大正浪漫・昭和モダンの着物の資料として重要なのが、少女雑誌や婦人雑誌の表紙や口絵に挿絵画家が描いた美人画、つまり抒情画です。なぜなら、写真技術が未発達だったため、着物文様を色美しく表現するためには、絵が最適だったのです。当時は着物に限らず、抒情画がファッションの情報源でもありました。

ここでは、竹久夢二《たけひさゆめじ》、高畠華宵《たかばたけかしょう》、蕗谷《ふきや》虹児《こうじ》、加藤まさを中心とした、人気抒情画家たちの作品にアンティーク着物の魅力を堪能していただきます。

モダン文様コレクション

蕗谷虹児「秋の星座」年代不詳

大正末から昭和初期の着物の魅力とは、文様の和洋折衷の感覚であろう。

当時ヨーロッパで流行っていたアール・ヌーヴォー、アール・デコを取り入れた文様は、日本人が抱く異国への憧れにかなったものだった。

アール・ヌーヴォーは、日本の浮世絵や琳派等から影響を受けて成立した装飾様式である。当時の着物に頻繁に描かれた百合、葡萄、孔雀、蜻蛉等は、古来から日本の文様として用いられてきたものではあるが、この時代にはアール・ヌーヴォー調に描かれ、異国の香りを放った。

つまり日本の装飾文様がヨーロッパの美術に影響を与え、それをさらに日本の着物が取り入れたのである。日本古来の文様がヨーロッパ風にリメイクされて着物に描かれたとき、その和洋折衷感が新鮮でおもしろい印象を人々に与えたにちがいない。それは現在のわれわれにとっても同様である。

昭和になってからはしだいにアール・デコの影響も強まり、それまでの長い髪を断髪にしたモダン・ガールたちが颯爽と着物を着こなした。

アール・デコにも日本美術の影響、とりわけ伝統的な着物文様からの影響が指摘されている。ここにも日本から西洋への影響の逆輸入現象があった。

大正末から昭和の初期までは、二つの世界大戦に挟まれた束の間の平和な時代であった。この時代、日本と西洋の文化が互いに憧れ刺激し合っていた様子を、当時の着物文様に見ることができるのである。

孔雀《くじゃく》

一九世紀末の西洋人は日本文化のエキゾティシズムに魅了されていた。孔雀の意匠はその代表的なものであり、オスカー・ワイルド作の「サロメ」にビアズリーの描いた挿絵にも孔雀文様の衣裳を見ることができる。それらに刺激を受けて描かれた当時の着物の孔雀文様は、日本古来の孔雀文様とは異なる新鮮な感覚を与えた。

蕗谷虹児「孤愁」出典不明　大正末〜昭和初期

アール・ヌーヴォーとアール・デコ

アール・ヌーヴォーは1880〜1910年代のヨーロッパで流行した美術・装飾様式。植物や動物をモティーフにし、曲線的、複雑で耽美的な装飾性に特徴がある。日本の美術から大きな影響を受けた。

一方アール・デコは、1910〜30年代にやはりヨーロッパで開花した美術・装飾様式。アール・ヌーヴォーの曲線に対して、直線と立体の知的な構成、幾何学的、単純化された形態に特徴がある。また、植物・動物に加え、建物や乗り物までがモティーフになった。色彩的には原色どうしの組み合わせの多用が特徴。

大正末から昭和初期の着物には、アール・ヌーヴォーとアール・デコの影響が混然と分かちがたく同居している。

高畠華宵「口真似」華宵新作美人画　昭和6年

薔薇《ばら》

着物は季節感を大切にする衣裳である。
日本古来の花の文様の場合、実際に咲く季節より、少し前に着るものとされ、
着られる季節が限られていたが、
薔薇に代表される洋花は通年着てもよいとされた。

高畠華宵「かがみ」『婦人世界』
大正15年7月

中廊下を隔てた北側の部屋の納戸は二人の着物の着替え場所であった。衣紋掛けに大きく拡げて柄を見たり、大型の姿見に映して眺めるのである。畳んであった畳紙《たとう》を拡げて、二人は「お召し替え」を始めていた。若造りの好きな麗子は総絞りに金糸の刺繍《ししゅう》の入った別誂《べつあつら》えの中振袖に、丸帯を生娘のように胸高々と締める。勝は金糸の手縫い刺繍の帯を、力一杯に麗子の背中に結びあげる。与四郎がどんなに力があっても、手伝わせなかった。はあ、はあと荒い呼吸をしながら、光沢のある丸帯をふくら雀に背中一杯に結び上げるのであった。

　菊の刺繍の細かく手の込んだ半衿を多目に出した胸元に、本絹の総絞りの贅沢《ぜいたく》な帯上げを、これも多目に帯にかけ、絵羽を着た母親に連れ添われて歩くと、華族のお姫様のようだと私は思うのだった。（萩原葉子「蕁麻の家」より）

呉羽麓郎　出典不明
大正末〜昭和初期

左頁　高畠華宵
「（仮題）出番を待つ」
便箋表紙　大正末〜昭和初期

少女雑誌

日本最初の少女雑誌『少女界』が創刊されたのは、明治35年(1902)のことである。以後大正半ばまでに、数種類創刊された。

少女雑誌初期の挿絵は、日本画家や浮世絵画家が、アルバイトで描くことが多かった。そういう状況下にあって、少女特有のセンチメンタリズムと共感しえた最初の挿絵画家が竹久夢二であり、彼は非常な人気を集めた。大正の後期に入って、高畠華宵・蕗谷虹児・加藤まさを・須藤しげるらが活躍を始める。この頃から昭和初期にかけてが、戦前において少女雑誌の最も華やかに美しくなった時代である。

内容も当初は教訓臭が強く、教科書の延長のような感じであったが、大正中期頃から小説に読みごたえのあるものが書かれるようになった。テーマは少女どうしの細やかな感情のやりとり、あるいは貧しい少女が歌手として成功する話などであった。

当時の雑誌の値段は現代より割高で、少年雑誌・少女雑誌を買える子は小学校の場合、クラスにひとりくらいだったといわれている。

高畠華宵『少女画報』口絵
大正末〜昭和初期

加藤まさを
大正末〜昭和初期

呉羽麓郎　出典不明
大正末〜昭和初期

呉羽麓郎「冬の日の朝」
大正末〜昭和初期

高畠華宵「(仮題)草の上」
『少女画報』昭和3年4月

銘仙の着物　単衣《ひとえ》
大正末〜昭和初期
文様は渦巻のようにも小さな薔薇のようにも見える。帯の文様は朝顔。本来は長かった袂を短くしたもので、半襟、帯揚げ、帯締めは現在のもの。

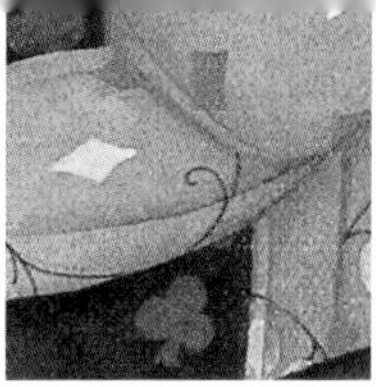

トランプ

江戸時代には、羽織裏や襦袢など目立たぬところに花札文様が描かれたこともあったが、トランプはその大正版といえようか。ただし、着物や帯など見えるところに堂々と描かれた点が江戸期との違いである。

久保田清春　少女雑誌口絵　大正末〜昭和初期

十字絣《じゅうじがすり》

絣の織り糸が交差して十文字に見えるところだけを大きくしたデザイン。
大正末から昭和初期の着物文様には、
このように、旧来からの文様の一部を拡大して描くことによって、
目新しい印象を与えたものもある。

星路　便箋表紙
大正末〜昭和初期

星路　便箋表紙
大正末〜昭和初期

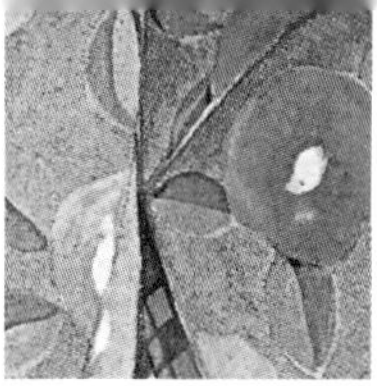

梅《うめ》・椿《つばき》

梅・椿ともに古くからの文様であり、
ともに早春に着る着物の文様として愛されている。
椿にはしばしばアール・デコ調に
デフォルメされた文様が見られる。

高畠華宵「追い羽根」
『少女画報』大正末～昭和初期

須藤しげる「小春日和」
『少女倶楽部』口絵　昭和4年10月

高畠華宵
「(仮題)若水」少女雑誌

高畠華宵『少女画報』口絵
昭和4年1月

蕗谷虹児「秋の唄」
『少女画報』大正12年11月

呉羽麓郎　出典不明
大正末〜昭和初期

蘭・釣り鐘草

らん・つりがねそう

白い静かな食卓布《テエブウルクロース》、その上のフラスコ、フラスコの水にちらつく花、釣鐘草《つりがねさう》。
光沢《つや》のある粋な小鉢の釣鐘草、汗ばんだ釣鐘草、紫の、かゆ《マ》い《マ》、やさしい釣鐘草、
さうして噎びあがる苦い珈琲《カウヒイ》よ、熱い夏のこころに私は匙を廻す。
高窓の日被《マルキイズ》その白い斜面の光から六月が来た。その下の都会の鳥瞰景《てうかんけい》。
幽かな響がきこゆる、やはらかい乳房の男の胸を抑《をさ》へつけるやうな……苦い珈琲よ、
かきまわしながら静かに私のこころは泣く……（北原白秋『六月』東京景物詩　大正二年より）

百合《ゆり》

百合は、清楚な雰囲気をもちながら、同時に妖しい魔性をも感じさせる花である。

大正末から昭和初期の、享楽的で耽美的な時代の雰囲気にかなった花だったのであろう。

当時の着物に最もよく描かれた花のひとつである。

田中良　少女雑誌口絵
大正末〜昭和初期

紗の着物　百合文様
本来は長かった袂を短くしたもの。

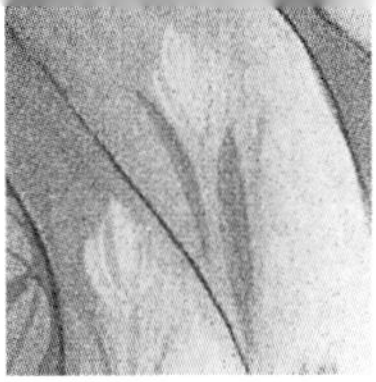

チューリップ

日本では大正時代から栽培が始められたチューリップは、
当初は珍しくてエキゾティックな花だった。
丸く単純な形態がアール・デコの意匠となじみがよいこともあり、
大正末から昭和初期の着物によく描かれた。

高畠華宵「(仮題)トランプ」『婦人世界』口絵

蕗谷虹児「夜会(部分)」『令女界』大正13年

蕗谷虹児「蛍」『令女界』表紙　大正14年6月

にっこり笑って立っているのはお雪さんである。きょうは廂髪《ひさしがみ》の末を、三組《みつぐみ》のお下げにしている。長い、たっぷりある髪を編まれるだけ編んで、その尖の処に例のクリイム色のリボンを掛けている。黄いろい縞の銘撰《めいせん》の着物が、いつかじゅう着ていたのと、同じか違うか、純一には監別《かんべつ》が出来ない。只羽織が真紫のお召であるので、いつかのとは違っているということが分かった。(森鷗外「青年」より)

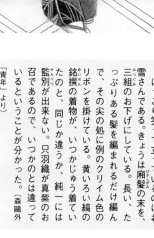

鈴蘭

すずらん

吉屋信子が書いた「花物語」（大正五〜一三年『少女画報』連載）は、花にちなんだ五二編の短篇集である。ミッションスクールの寄宿舎や美少女どうしの同性愛的な愛情が描かれ、現代にいたるまで読み継がれる少女小説の代表であるが、その記念すべき第一話が「鈴蘭」であった。

高畠華宵「秋風」『少女画報』口絵
大正末〜昭和初期

高畠華宵　少女雑誌口絵
大正末〜昭和初期
「着物もショールも鈴蘭文様ね。ショールには白うさぎの毛皮がついているわ」（古賀／談）

加藤まさを「たそがれ」少女雑誌口絵
大正末〜昭和初期
「大きなリボンね。昔、スカートの裾すれすれまで三つ編みを伸ばして大きなリボンをつけている子もいたわ」（古賀／談）

加藤まさを
少女雑誌口絵　大正末〜昭和初期

元・弥生美術館館長古賀三枝子は、大正四年（一九一五）に生まれ、昭和初年代に女学生生活を送った。大正末から昭和初期の暮らしを実体験した証人として各所に古賀のコメントを掲載してゆく。

21頁　星路　便箋表紙　大正末〜昭和初期
「絵羽羽織ね。昔の羽織はこんなに丈が長かったのよ。ジョーゼットのショールをかけてるのね。素敵な洋館、庭にチューリップ、車でお出かけのお嬢様ね」（古賀／談）

薊

あざみ

日本には古くよりたくさんの薊が自生する。藪の中で紫の宝石をばらまいたように輝くこの花は、葉や茎に意外に鋭い棘があり、美しいだけではなく、野性的な強さを感じさせる花でもある。

その頃は丸善で外国の書物を二、三冊と、その頃あった丸善独特の、灰色地に濃灰色の斜格子の便箋、封筒を買い、近くの三共の喫茶部なぞで珈琲を飲み、ゴールデンバットを一服して家に帰る学者なぞの、その家の書斎も丸善の如くに薄明の中に沈んでいて、紅茶の受け皿に載った檸檬は、アマルフィ（伊太利の海岸）の**Limone**の薄黄を光らせ、玄関で杖《ステツキ》を受け取る奥さんは、地味な絣《かすり》の銘仙なぞに草花模様なぞの普段帯、明治以来の束髪が西欧的に変化した髪で、現代の洋服の奥さんよりも、もっと西欧の雰囲気を身につけていたのである。そうして奥さんの鏡台には資生堂の白薔薇水白粉があり、洗面所には主人の使う丸善べエラムがある、といった具合。これは大正から昭和初期に、よく見られた家庭風景だった。（森茉莉「マリアのうぬぼれ鏡」より）

須藤しげる　少女雑誌口絵
大正末〜昭和初期

蕗谷虹児「(仮題)林」出典不明　大正14年

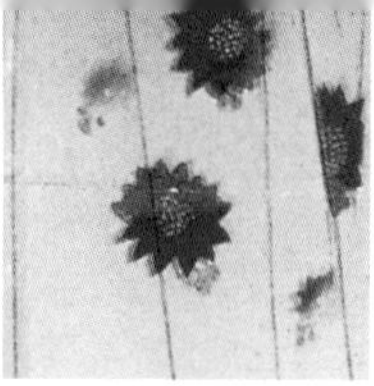

ダリア

ダリアは、夏の苛烈な日差しの中で炎のような激しさを見せる花。別名、天竺牡丹。大正期にはダーリアとも呼ばれていた。

山川秀峰「(仮題)七夕」
少女雑誌口絵
大正末〜昭和初期
「大振袖の訪問着だわ。絵で見ると素敵だけど、実際は七夕の季節にこの配色じゃ暑苦しいわよ。でも他の季節のコーディネートとして見たら最高ね」
(古賀／談)

綾乃が身の置場のないようにはじらって言い返した。身には薄藤色の一越《ひとこし》の縮緬の荒い匹田《ひった》しぼりの、袷《あわせ》をすがすがしく着こなして、白い頸《うなじ》には淡いクリーム色地の角《つの》しぼりの襟を重ねて白塩瀬に燕子花《かきつばた》に八橋《やつはし》の模様の帯締めて草入水晶の帯止、初夏の単衣《ひとえ》に移るまでの合着として申し分のない爽かな着付がよく似合う、その匂うような姿を慎之助は感に入って打ち眺め、この麗人を妻と呼ぶ身とならで、何の面目あらんやと思ったか、どうか――彼の眼は燃ゆるように熱を帯びた。(吉屋信子「女の友情」「続女の友情」より)

ひまわり

夏の青空を背景に太陽のように咲くひまわりは夏の象徴。
今も昔も浴衣をはじめとする夏着物の文様として愛されている。

高畠華宵「舞踏会で」出典不明
大正末〜昭和初期
「襦袢の黒がきいてるわね。
きっと自分で染めさせた着物よ」
（古賀／談）

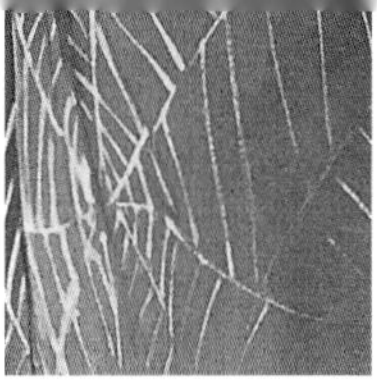

蜘蛛の巣《くものす》

蜘蛛の巣文様の着物は、「いい男がひっかかりますように」との願いをこめて、水商売の女性が好んで着たといわれている。

高畠華宵　出典不明
大正末〜昭和初期
「一見浴衣のようにも見えるけど、染め分けですから外出着ですよ。きっと生地は絽縮緬ね。帯は博多でしょう。この着物のこの色合いにはこの帯の色しかないわね。これは一部の隙もない最高の組み合わせね」（古賀／談）

高畠華宵「なよやかな線
――華宵好みの流行スタイル」
『婦人世界』口絵　昭和4年7月
華宵自らが考案した夏用の着物。

矢絣《やがすり》

矢絣は明治時代に町人を中心に流行った。
昭和初期頃には紫の矢絣の銘仙を制服にする女学校もあった。

高畠華宵「(仮題)矢絣」
『少女の国』大正末〜昭和初期
「この絵はしょいあげ(帯揚げのこと)を、またずいぶん大きく出しているわね。昔はしょいあげを今より大きく出すこともあったし、またこの娘は十代みたいだから大きく出してもいいんだけど、それでもちょっと出しすぎね」(古賀/談)

ジョーゼットの着物　単《ひとえ》
大正末〜昭和初期　矢絣文様
帯には百合が手描きされ、その上に刺繍がほどこされている。マティスの絵を思い出させるような色づかいは、現在の帯には見られない大胆さ。本来は長かった袂を短くしたもので、帯揚げ、帯締めは現在のもの。

蜻蛉・桔梗《とんぼ・ききょう》

着物では、文様になっている花や虫が実際に咲いたり飛んだりする季節の少し前に着るのがよいとされる。蜻蛉や桔梗は秋のものだが、浴衣や絽の着物によく見られるのは、そのせいである。暑い盛りにいち早く秋の涼風を身にまとうという発想なのである。

高畠華宵「ほたる」便箋表紙
大正末〜昭和初期
「日本髪に前髪をたらすなんて華宵先生の独創ね。横の鬢をこうたっぷり出すのは関西風よ。関東はかきあげてすっきりさせますからね」（古賀／談）

高畠華宵「月夜のマンドリン」
『少女画報』表紙　大正14年9月

紅葉《もみじ》

春の桜と並んで、秋を代表する典型的な文様。

高畠華宵「落葉」
『少女画報』口絵　昭和4年11月
縞と、花や葉を組み合わせた文様は、大正～昭和初期の着物に大変多く見られる。

須藤しげる
「返らぬ日」『令女界』口絵
昭和3年

菊《きく》

菊を着物文様としてさまざまにデザイン化したのは江戸時代からであった。
菊水文・菊唐草文・饅頭菊等、ヴァリエイションも豊富。
現在にいたるまで、着物に最も多く描かれる花のひとつであろう。

上　高畠華宵「(仮題)菊花の装い」出典不明
乱菊文様。黒地に白く浮き出した花が妖しく美しい。当時の袂は長い。
31頁　須藤しげる「明月」『少女倶楽部』口絵　昭和3年

葡萄《ぶどう》

葡萄唐草文様は奈良時代にはすでに中国から伝来していたが、日本で葡萄の栽培が始められたのは鎌倉時代以降である。以後は絵画的に表現されることが多くなった。大正末から昭和初期の着物に見る葡萄文様には、やはりアール・ヌーヴォーの洗礼を受けたものが目立つ。

蕗谷虹児「建設を描く」絵葉書
上方屋平和堂　大正12年

蕗谷虹児『少女の友』

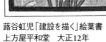

抒情画家と着物

画家たちは女性の魅力をどう着物に託したか

竹久夢二「わが世の春」『婦人世界』明治45年1月
「これは紋付ね。着物の文様は裾にあるのよ。丸髷を結ってるわ。丸髷って手絡をかけるでしょ。若いうちは赤、少したつとピンク、薄紫、濃紫、浅葱、グレーと年齢によって色が変わってゆくのよ」(古賀/談)。手絡とは、髷の根元につける装飾のための布。

大正末から昭和初期の頃、日本女性のほとんどは着物を着て暮らしていた。洋服を着る女性は流行に敏感な一部の女性であり、モダン・ガールと呼ばれて特別視されていた。

当時、抒情画家は女性たちに対してファッション・リーダー的な役割をになっていたので、流行最先端の洋服を描くことも多かった。

しかし彼らとて周囲の女性のほとんどは着物を着ていたことに変わりはなく、洋服より着物を着ている女性の方に感情移入しやすかったようである。たんに風俗としての女性像ではなく、画家が個人的に抱く女性への思い入れは着物姿の女性に表現されていることが多いようだ。彼らにとって着物はすでに女性の身体の一部だったのであろう。絵の女性に好んで着せる文様の傾向や、着こなし方には女性への美意識が反映されている。

ここでは、明治末から昭和初期まで人気の高かった竹久夢二、大正の後半から昭和初期までの高畠華宵、加藤まさを、蕗谷虹児の4人の抒情画家に焦点を当てて、彼らが女性美へのこだわりを着物にどう託していたかを見ていきたい。

竹久夢二
人生に疲れた女の色気

竹久夢二「(仮題)うちわ」出典不明
「浴衣に博多帯ね」(古賀/談)

竹久夢二「もの思い」
『苦楽』大正15年4月

竹久夢二「湖畔の秋」『令女界』昭和2年9月

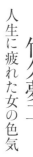

竹久夢二は、画家としての仕事のほかに「港屋絵草紙店」という小間物店を企画し、そこで自らのデザインによる封筒・半襟・浴衣、うちわなどの生活雑貨を販売するなど、デザイナーズ・ショップ、またはファンシー・ショップの考案者として、草分け的な存在でもあった。

　そんな夢二であるから、無論流行にも敏感だったはずだが、大正から昭和初期にかけて流行ったモダンな着物は、彼の好みに合わなかったようである。

　平成一五年に開催された「東京流行生活展」（江戸東京博物館）のカタログに次のような夢二の言葉が掲載されていた。

「民衆の好む新奇をねらひ外国雑誌の図案や色調をソックリそのまゝ着物に利用して居るから新し好みの人は外国人の足にする敷物やカーテンを着て居るようなものだ――私は思ふ、古いものの中に一番新しいものがあることを、そしてその土地のローカルカラーをガッチリ出したものが要求される時代のくることを」（『東京朝日新聞』昭和六年五月三日付　群馬県版）

　実際、夢二の描いた女性が当時流行の着物を着ていることは稀である。舞妓や芸者らしい女性を描くとき以外は、案外地味な縞柄や無地、格子柄等を着せている。

　古くからあるもののよさ、土地のローカルカラーを活かしたものこそよしとする夢二の価値観は当時としては新しい考えであり、その慧眼には驚く。しかし夢二が華やかな流行の着物を描かなかった理由は、それだけではなかったと思う。

　夢二は、女性が日常生活の中で見せる何気ないしぐさや表情、そこから垣間見える心情に魅力を感じる画家だったように思う。よそゆきの綺麗な着物をまとった女性の高揚感ではなく、誰も見ていないようなときにふと見せる女性の表情にこそ、彼は魅力を感じたのであろう。

　そのことは、彼の描く女性たちの着物の着付け方にもあらわれている。たとえば、胸元を大きく開けたゆるやかな着方であり、悪くいえば「だらしがない」着方ともいえよう。

　明治から昭和初期までの日本女性は日常的に着物を着ていた。現在の女性がたまに着るときのように、美容院で一部の隙もないように着付けてもらったり、帯板で帯を整えたりしなかったのはあたりまえであるが、はだけたような胸元をよく描いた夢二にはそれなりのこだわりがあったにちがいない。同時代の画家の中には、きちんと装った姿だけを描いた者が何人もいる。

　夢二は、胸元をはだけてしどけなく座りこんだ女性の姿にこそ魅力を感じていたのだ。少し疲れたように見える夢二の女性たち……彼女たちは人生そのものに倦み疲れ、あきらめや哀しみの表情を浮かべている。

　着物の布地も、長いこと着込んだもののようにクタクタと柔らかく女性の体にまつわりつき、彼女が経済的にも苦労してきたであろうことを感じさせる。胸の薄い体型は、病気の苦労を、愁いを帯びた目つきは恋の悩みを感じさせ、彼女がさまざまな意味から、疲れ果てていることを暗示する。

　艱難《かんなん》努力して困難を克服するのではなく、静かにあきらめ、運命に従おうとする彼女の表情には、しかし妙な色気が漂っている。夢二が描きたかったのは、まさにこの色気なのだ。不幸な女性が漂わせる痛々しさの魅力、運命の圧倒的な力にねじ伏せられてゆく女性の弱さ、はかなさ。薄幸の女性に対する、「可愛そう」という感情は、その女性を「可愛い」と思う感情に、隣接している。

　その表現に、だらしがないともいえる夢二流の着付け方は欠かせない要素だったと思われる。

竹久夢二〈たけひさ・ゆめじ〉

　明治17～昭和9年（1884～1934）享年49。岡山県生まれ。本名は竹久茂次郎。

　独学で絵を学び、〈夢二式美人〉と呼ばれる女性像を確立して人気を得た。日本画・水彩画・油彩画・木版画に多彩な作品を残す一方で、詩や童謡の創作にも才能を発揮し、詩画を融合させた抒情的な芸術世界を構築。のちに〈大正浪漫〉と呼ばれる時代のイメージをつくった。

　雑誌にも『若草』『婦人グラフ』等をはじめとして、多くの仕事をした。今回この本に掲載した夢二の絵は少女雑誌や婦人雑誌の口絵として描かれたものである。流行歌「宵待草」の作詞者でもある。

竹久夢二「都より」出典不明
着物は古典的な、波に千鳥の文様。
夢二は好んでこの文様を描いている。
ポストのある背景は写真。
写真と絵のコラージュ作品である。

竹久夢二「絵本」出典不明
着物の文様は鱗文様。
昔から女性が厄除けとして着る風習がある
古典的な文様。

高畠華宵

甘い毒の香りを秘めた令嬢

高畠華宵「踊りつかれて」『少女の国』口絵　昭和2年11月
着物の上の方は緑、裾にかけて紫にグラデーションになってゆく。縞に渦巻文様が浮き上がっている。縞と渦巻・縞と花など縞に他の文様を組み合わせるというパターンがこの時代の着物にはよく見られる。このダンス会場はダンスホールなのか、あるいはパーティー会場なのか……。ダンスは大正末頃から大流行し、大正11年からは警視庁が取り締まるようになった。そして戦争が本格的になった昭和15年にはダンスホールが禁止される。ダンスホールには専門のダンサーがいて客の相手をつとめ約3分間踊って報酬のチケット1枚を受け取るのがならわしであった。

「ダンスを踊るときは専用の草履をはくの。底が細くなっていて踊りやすいのよ」(古賀／談)

高畠華宵「(仮題)ラジオ巻き」
大正末～昭和初期
「帯をふくら雀に締めて
肩あげをしているところを見ると、
10代の子ね。
髪はラジオ巻きに前髪を下げて、
可愛いわね」(古賀／談)

高畠華宵「ますみの青空」便箋表紙
大正末～昭和初期
鈴蘭文様の着物に薔薇の羽織という組み合わせは、現代人には少々「あくどい」感じを与えるかもしれない。しかしこの「あくどさ」も、大正浪漫の着物が持つ魅力のひとつであろう。

高畠華宵〈たかばたけ・かしょう〉

明治21～昭和41年(1888～1966)享年78。愛媛県生まれ。本名は高畠幸吉。

平井直水に日本画を学び、のち京都市立美術工芸学校(現・京都芸術大学)、関西美術院に転校。23歳のときに描いた中将湯の広告絵を契機に、広く認められ、『講談倶楽部』『少年倶楽部』『少女画報』『少女の友』『日本少年』の口絵、挿絵が全国のファンの熱狂を呼び、"華宵好みの君も行く……"と流行歌にまで歌われた。「華宵便箋」も少女たちに人気を博し、抒情画便箋流行の先駆けとなった。昭和10年(1935)頃から、しだいに日本画に専念するようになる。昭和34年(1959)、挿絵を依頼されることが少なくなっていた華宵は日本画の顧客を求めて渡米したが、思いどおりにはいかず、2年後に帰国した。

高畠華宵は女性の服飾に大変な関心を持っていた。

当時はまだ一般的ではなかった洋装の女性を多く描き、中近東風の衣裳をまとった女性も描いた。

着物については、同じ文様を繰り返し描いたことはないと自慢したが、仔細に見るとかなり似たものはあるようだ。しかし何千枚、いや何万枚描いたか数知れぬ中で、二、三例しかそれが見つからぬというのは、いかに彼が着物文様を多彩に描きわけることができたかを物語る。

中には、袖にビーズの房を下げたり、膝丈の着物に靴やネックレスをあわせたり、帯の代わりに帯揚げを締めたりと、華宵だけのオリジナル着物ファッションを描いたものもある。

華宵が描く女性はお嬢様である。豪華な洋館に住み、毎日おしゃれをしてショッピングに出かけたり、犬(しかも大型の洋犬)の散歩に行く以外はとくにすることもなく、優雅に暮らしているような女性を描く。ただし夜はけっこう忙しいようである。パーティーに呼ばれたり、音楽会で独唱を披露したりしなければいけないからだ。華宵という名のとおり、華やかな宵が彼女たちの活躍舞台だ。彼女たちは非現実的な、華宵の夢の国の住人たちである。

さて、そんな彼女たちがよく着るのは錦紗《きんしゃ》の着物である。弥生美術館の館長である古賀三枝子がよく、「華宵の着物は錦紗で、まさをは銘仙」と言う。錦紗は、絹の中でも上等で、とろりとしなやかな手触りがあり、体にそって流れ、女性の曲線的な姿態の美しさを感じさせてくれる布である。文様には華やかなものが多い。

華宵描く女性はとくに華やか好みで、孔雀や薔薇といったゴージャスな文様をよく着る。どちらの文様も西洋のアール・ヌーヴォーに刺激されて、大正から昭和初期に着物の柄に流行ったものである。だから日本古来の文様であるにもかかわらず、イメージにはヨーロッパの香りがある。他にも鈴蘭・百合・蘭・チューリップといった、アール・ヌーヴォーの装飾に見られる花の着物をよく着る。

華宵は菊やひまわりの文様さえアール・ヌーヴォー風に、官能的な妖しい曲線で描くこともあった。(二五頁・三〇頁参照)元来、ひまわりには、陽光を浴びて咲く花という健康的なイメージがあるが、華宵が描くとその花びらさえ、毒虫の触手のようにも見えてしまう。

アール・ヌーヴォー柄の衣裳を着こなす華宵のお嬢さん方は、やはり西洋の世紀末芸術に登場する「運命の女」を彷彿とさせる妖しい美貌の持ち主である。陶酔しているかのような上ずった黒目と桜色に上気した白い肌が、なまめかしい。

華宵の絵には、女性にも着物にも甘い毒の香りがほのかに秘められていて、それが彼の人気の秘密だったのである。

便箋の流行

大正から昭和初期の女学生たちにとって、手紙はコミュニケーションの重要な手段であった。電話はまだ友人どうしのおしゃべりに使えるほど一般的ではなかった。そのため当時の少女たちは実によく手紙を書いた。手紙を書く少女も読む少女も、抒情画にしばしば登場する。いわば現在の携帯電話のような役割を手紙がになっていたのである。

美しい上級生へラブレターのような手紙を書いたら、それを相手の袂にそっとしのばせる……着物の袂はポストのような役割もになっていたらしい。

便箋用紙の文様には使う者の美意識が反映されてしまうため、少女たちは便箋にこだわった。また、高畠華宵をはじめとする抒情画家たちが表紙に美しい絵を描いているのも便箋の魅力であった。少女たちは競って便箋表紙をコレクションした。

当時便箋を発売していた会社には、村田社・日出づる国社・五藤社・ベニバラ社などがあったが、どの会社でもよく売れ、この時代のヒット商品であった。

高畠華宵「ニューファッション」出典不明
華宵独創の着物スタイル。裾はスカート丈・袖にはビーズやふさ飾りを下げ、ひも帯、ネックレスにハイヒール……現在、着物を自分流に着くずすことが流行り始めているが、華宵が80年くらい前に同じようなことを考えていたとは驚きである。

41頁　高畠華宵「(仮題)椿」雑誌口絵
大正末～昭和初期
「お姉さま。椿の花を髪に挿すとよくってよ。ほら、なんてお似合いになるんでしょう」妹のそんな言葉が聞こえてきそうな絵。華宵は、着物と洋装の女性ふたりの絵をよく描いた。戦前は「男女七歳にして席を同じゅうせず」と、男女の交際はきびしく禁じられていた。そこで女学生は、美しい上級生や同級生・可愛い下級生に恋愛めいた感情を抱くことも多かったし、そのような関係は、シスターの頭文字をとって「エス」と呼ばれていた。当時の少女たちにとって、華宵が描く同性どうしの甘い雰囲気は魅力があったにちがいない。
「この洋服を着ているほうの子が巻いてるスカーフはクレープデシンでしょう。ものすごく流行ったのよ」(古賀／談)

高畠華宵「をどり」『少女画報』少女幻想絵巻口絵
昭和4年7月
「こんな風に裾をひきずる着方をする人はいないから、これは一種のステージ衣裳でしょうね」(古賀／談)

高畠華宵「あゆみ」便箋表紙　大正末～昭和初期
「これは園遊会のスタイルのようにも見えるわね。でもまあ華宵先生の独創ね」(古賀／談)

加藤まさを

多感な女学生の繊細さ

加藤まさを
大正末〜昭和初期
「これは卒業式の日を描いたのじゃないかしら。自分の好きな人がほかの人と仲良くしているのを見てしまったところね。袴は式の日用と普段用があって、新しいのは式用。だんだんに普段用におろすのよ」(古賀／談)

加藤まさを 「歌ひつかれて」
大正末〜昭和初期
ピアノ・薔薇の着物・うなだれる少女……
まさをの絵に繰り返し描かれたモティーフ。

加藤まさを〈かとう・まさを〉
明治30〜昭和52年(1987〜1977)享年80。静岡県生まれ。本名は正男。
外国の絵本や挿絵に興味をもち、在学中からアンデルセン童話の絵はがきや詩画集『カナリヤの墓』『合歓の揺籃』等を刊行し始め、挿絵を描き、しだいに抒情画家として名をなした。大正末から昭和初期にかけての少女雑誌『少女の友』『少女画報』に多くの挿絵・口絵を描いた。まさをの描く等身大の少女像は、華宵が描く「夢の世界のお嬢様」と対照的であり、読者の人気を二分した。
少女小説も書き、また童謡「月の沙漠」の作詞者でもある。

42頁 加藤まさを「花びら」『少女の友』口絵 昭和8年4月

　加藤まさをは昭和初期の女学生に絶大な人気を誇っていた。当時の女学校では、生徒が高畠華宵ファンと加藤まさをファンに分かれ、両派が反目し合うというようなことさえあったらしい。

　まさをはその女学生をよく描いた。女学生とは、時代により多少変わるが現在の中学・高校生の年齢に相当する少女である。

　当時の女学生は、学校から家に帰り制服を脱いだあとは、着物に着替えた。学校によっては制服がなく、着物に袴を穿いて通学する場合もある。袴スタイルの場合、着物を着て上から袴を穿くわけだが、その着物はたいてい銘仙である。家に帰ってから着替える着物も銘仙か、あるいはウール系のセルやモスリンだった。

　まさをは彼女たちに好んで銘仙を着せている。銘仙のハリのある感触やつややかな光沢は、十代の少女の肌の質感に似ているような気もする。

　銘仙は絹ではあるが、それほど高級な布地ではない。女学生だけではなく、主婦も職業婦人も、多くの女性が銘仙を着た。とはいえ普段着に銘仙を着られるのは、やや裕福な家の少女だった。まさをは、薔薇柄の銘仙など、ちょっとした「しゃれ着」になりそうな着物を家で無造作に着ている少女を描くが、そんなお嬢さんの生活は、読者の憧れだったにちがいない。高畠華宵が描くお嬢さんのように、架空の夢の世界の人ではなく、身近に存在する可能性のある憧れというのが、まさをの特徴である。まさをはピアノやヴァイオリンを弾く少女もよく描いた。洋楽器を弾く少女の姿も、読者の憧れをさそったではあろうが非現実的な存在というほどではない。

　そして彼女たちはもの思いにふけっていることが多い。ピアノや窓辺にもたれかかったり、草原に座ったりして、あるときは悩んでいるように、またあるときは憧れに満ちた表情で、もの思いにふけっている。思春期の乙女とはそういうものだ。友人のちょっとしたそっけなさに傷ついたり、花の美しさに涙ぐむほど感動したり、感受性の強い、多感なお年頃なのである。

　そんな女学生たちの心模様を映し出すかのように、まさをが描く着物の色は淡いパステルカラーが多い。ピンクの濃淡や、草色に黄色などの繊細な色彩である。

　文様は薔薇が多い。さまざまな洋花を着物柄にするのが流行ったこの時代であったが、中でも薔薇は一番人気であった。まさをはまた特別な薔薇マニアであり、自分の薔薇園を持っていたほどである。着物文様以外にも薔薇を描くことが多く、「薔薇のまさを」ともいわれた。

　華宵もよく薔薇を描いた。華宵の薔薇は華麗だが、まさをの薔薇、とくに着物文様として描く薔薇は淡いピンクや黄色が多く、その甘い芳香を彷彿とさせ、少女の可憐さを強調している。

　まさをは女学生の初々しい魅力を描いたが、それに最も適していたのは、銘仙の着物、淡い薔薇文様の銘仙だったのである。

加藤まさを「泣いたあと」
『少女画報』口絵　昭和7年2月

加藤まさを　少女雑誌口絵　大正末〜昭和初期
上・下の絵とも、いかにも銘仙という柄ゆきの着物。

蕗谷虹児

怜悧で官能的な大人の女性

蕗谷虹児「ほたる」出典不明　昭和4年

蕗谷虹児「春おぼろ」『令女界』表紙　昭和3年3月
女性の背景はおぼろな光を放つ猫柳の中を蝶が飛ぶ光景。着物に描かれた花の花芯が黄色く光り、やはり黄色に光る蝶と呼応している。

47頁　蕗谷虹児「夜会咲き」雑誌口絵
大正末〜昭和初期
アール・デコ文様の着物。色は茶・黄・緑・白。煙草に火を点けようとする女性のしぐさが大人っぽい。パーティーが催されている洋風の邸宅で、女性は人いきれに疲れて、庭に降りてきたところであろうか。

蕗谷虹児〈ふきや・こうじ〉

明治31〜昭和54年（1898〜1979）享年80。新潟県生まれ。本名一男。
15歳で日本画家・尾竹竹坡に入門。17歳から映画の看板を描き始める。19歳で樺太に渡り、2年半旅絵師として各地を漂泊。22歳のとき、竹久夢二の紹介で『少女画報』に挿絵を描き、たちまち売れっ子の抒情画家になる。『令女界』『少女画報』等の挿絵を描くかたわら『睡蓮の夢』『悲しき微笑』などの詩画集も刊行。大正14年、27歳でパリに渡る。日本に挿絵を送りながらサロン・ナショナルやサロン・ドートンヌで入選を果たし、国際的に認められるかという希望が見えた昭和４年、日本に残した兄弟の苦境のため帰国。一時帰国のつもりがパリに戻るめどがたたぬまま、結局は再び日本で抒情画や詩を描き続け、人気を博した。童謡「花嫁人形」の作詞者でもある。

r. Fukiya

蕗谷虹児が描く女性には、大人の落ち着きがある。余裕や自信という少女にはない成熟した雰囲気を漂わせ、それが魅力になっている。彼女たちは深い官能を秘めながら、しかし同時に、とても冷たい醒めた目をしている。相矛盾する感覚を一身のうちに併せ持つ虹児の女性は、複雑な忘れがたい印象を見る者に与える。

頭がよさげで、ものごとを見通すような鋭さが目の中にひらめいているのだが、ことさらそれを表に出すのではなく、ただ口数少なく白い頬に笑みを浮かべる。その白い頬は、触れるとなめらかで、ひんやり冷たそうである。

そんな虹児の女性が好んで着る着物には、やはり彼女らしく、熱い情熱と冷たい理性が分かちがたく同居しているような文様が描かれる。アール・ヌーヴォーの曲線的な官能性とアール・デコの幾何学的な理知、双方の要素が入り混じる。モノクロの絵の場合、その過剰なまでの装飾性はさらに周りの風景とも連動し、見る者を果てしない感覚の迷宮に誘い込む。

「風の音信」とタイトル文字が見える絵の女性は、南国的な植物の葉をアール・ヌーヴォーの曲線で描いた着物を着る。その背景では、やはり草の葉がアール・ヌーヴォー風に身をくねらせる。着物の帯はしかしアール・デコ調の白黒格子である。（「市松模様」といえば、日本の江戸時代からの文様になろうが、この絵の場合はやはり「アール・デコの白黒格子」といいたい）着物の葉の曲線と、背景の草の曲線が呼応して、近くと遠くが響きあい、濃密な美の世界を完成させている。

その手法は二三頁の絵にも用いられている。薊《あざみ》の葉が左右に枝分かれする際の斜めの曲線と、背景に書かれた小鳥の止まっている木の左右に枝分かれする曲線が呼応するように描かれているのである。

この絵の女性を見ると、幾何学文様の着物に花の帯、その上に薊を大きく描いた羽織と、白と黒で文様の三重奏が描かれる。さらにその背景にも樹木や小鳥が白と黒で綿密に描き込まれているのだ。

幾重にも重なる白と黒の密な絵は、虹児独自のものである。白黒の共鳴和音には酩酊を誘われるが、しかしあくまでシャープな彼の描線は絵の情感を抑制する。酩酊を誘いつつ抑制するという、相反する感覚の同居は、女性や着物を描く場合だけではなく、虹児の絵全般に見られる特徴である。

彼が着物を描く場合、布地はおそらく錦紗か御召しを想定して描いたのであろう。いずれにせよ絹である。絹の手触りは、ひんやりと冷たいようでもあり、ふっくら温かいようでもある。この絹の手触りが持つアンビヴァレント（二律背反的）な感覚は虹児の絵の本質に通じるように思われる。

蕗谷虹児「(仮題)ひまわりの帯」
出典不明　大正14年
帯の花と背景の花が
呼応していることに注目したい。

蕗谷虹児「風の音信」出典不明　大正12年

蕗谷虹児
「(仮題)テラスにて」
『婦女界』昭和6年10月
白と黒の大胆な配色。

竹久夢二「梅咲く日」出典不明

着物姿のしぐさ

いつもとは違う自分を演じてみましょう

もたれかかる

炬燵布団にあごを埋めて座る女性。窓辺に肘をついてぼんやり外を見る女性等、抒情画には何かにもたれかかる姿勢の女性がよく登場する。彼女たちには、たよりなげなけだるい雰囲気が漂っている。

近藤富枝が『きもの優遊』という本の中で次のように語っている。「きもの姿になって格段の美しさを見せる学生とまアの学生と二通りいるが、日ごろからちょっと芝居っけのある連中がよく似合う。彼女たちはきものを着たときのしぐさを心得ているからである」（『近藤富枝のきもの優遊』講談社　一九九八年）より

ジーンズのときと着物のときと同じ調子では、着ている方も見ている方もおもしろくない。着物を着たらしぐさも変えてひとりの中にまるで複数の人格を潜ませているかのようなミステリアスな女性を演じてみたい。

そこで抒情画の女性たちに、「着物姿のしぐさ」を学んでみよう。

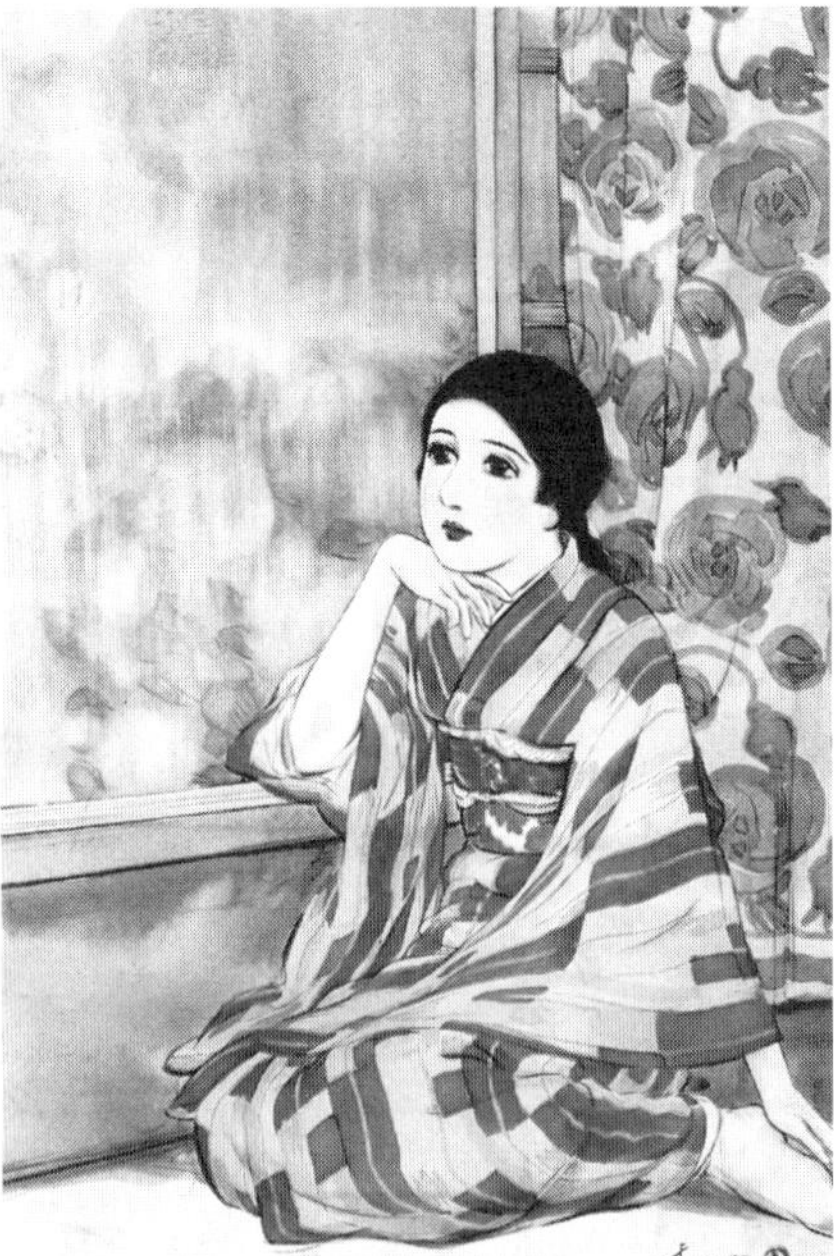

加藤まさを「紫陽花」
『少女倶楽部』口絵　昭和5年5月

指先でものをつまむ
手のひら全体を用いずに
指先だけでものをつまむしぐさには、
女性的な可憐さがある。

高畠華宵／画
出典不明

襷《たすき》がけ
着物姿の女性が襷で袖をきりりとからげて、
きびきび立ち働く姿も、さわやかで美しい。

竹久夢二「張物」『婦人世界』大正2年5月
女性は洗い張りの作業をしているところ。
洗い張りとは着物を解いて布を洗い、のりをつけ、
板に張ったり、伸子張りなどをして、
しわをのばしながら干すこと。

ものを胸に抱えもつ
風呂敷包みや本を胸にしっかりと抱きかかえて歩く女性は、持ち物も自分自身も一生懸命に守っているかのように見える。守るのは弱いからであり、弱さは色気につながる。
つまり物を胸に抱え持つしぐさには、色気がある。

呉羽麓郎　雑誌口絵
大正末〜昭和初期

畳の上にかがんでものを見る。
テーブル生活があたりまえになった現代人が、畳の上に直接手紙や新聞を置いて読むことはほとんどない。深くうつむく姿は、女性の姿態に常とは違う曲線をもたらし、新鮮な印象を与える。

加藤まさを「三たび聞きて」
雑誌口絵　大正末〜昭和初期

袂《たもと》をおさえる

腕を上にあげる動作の際、袂をおさえないと腕がむきだしになってしまう。洋服の場合、ノースリーブを着ていれば腕はあたりまえに見えるのだが、着物は全身を覆う衣服であるため、二の腕まで見えるとかなり露出した感じになる。袂をおさえて肌を隠すしぐさには上品な色気が漂う。

須藤しげる　出典不明
大正末〜昭和初期

高畠華宵『少女の友』口絵
大正末〜昭和初期

美しいしぐさ

昭和五年（一九三〇）の雑誌より

香《かう》水《すゐ》の使ひ方

香水は行きずりにほのかに匂《にほ》ふ程度がゆかしいものです。使《つか》ひどころは肌着《はだぎ》又は襟裏《えりうら》、ハンカチ、耳朶《みゝたぶ》のうしろ等《など》に僅かに噴《ふ》きかけ又は浸《し》ませます。着物の表にうつかり澤山ふりかけると、しみになる恐れがあります。

（圓內は見苦しい差し方）

パラソルと日傘《ひがさ》の差し方

パラソルや日傘は、畳《たゝ》んで持つても差して歩《ある》いても夏の婦人美を形造《かたちづく》る上に大切《たいせつ》な役目を持つて居ます。隨《したが》つてその差し方によつて大變《たいへん》美しくも、見にくゝもなるものです。差した時餘《あま》り高くなつたり、後《うしろ》に擔いだりして、體《からだ》から離れた感《かん》じになつても、被《かぶ》つたやうに體《からだ》に着《つ》き過ぎても調和《てうわ》を缺いて美しく見《み》えません。あまり眞直《まつすぐ》に差したのも風情《ふぜい》がありませんが、先《ま》づパラソルは片手で持つて陽射しを受けて稍傾《やゝかたむ》ける程度、日傘は柄《え》もその爲《ため》に長く出來《でき》て居《ゐ》ますから、兩手《りやうて》で持ち擔《かつ》ぐといふ程《ほど》でなく僅かに肩にもたしかけます。

パラソルを差したまゝの挨拶《あいさつ》

正《たゞ》しいお作法から申しますと目上の人には數歩《すうほ》手前《てまへ》でパラソルを疊《たゝ》んで近《ちか》づきお辭儀《じぎ》をいたしますが、さうした必要もない親しい間柄《あひだがら》では、お互ひの挨拶《あいさつ》の中に『このまゝ失禮させて頂きます』と言葉《ことば》をつけ加《くは》へてお辭儀《じぎ》をいたします。この時傘はお辭儀《じぎ》に連れて前後に搖《ゆ》れないのがよろしうございます。

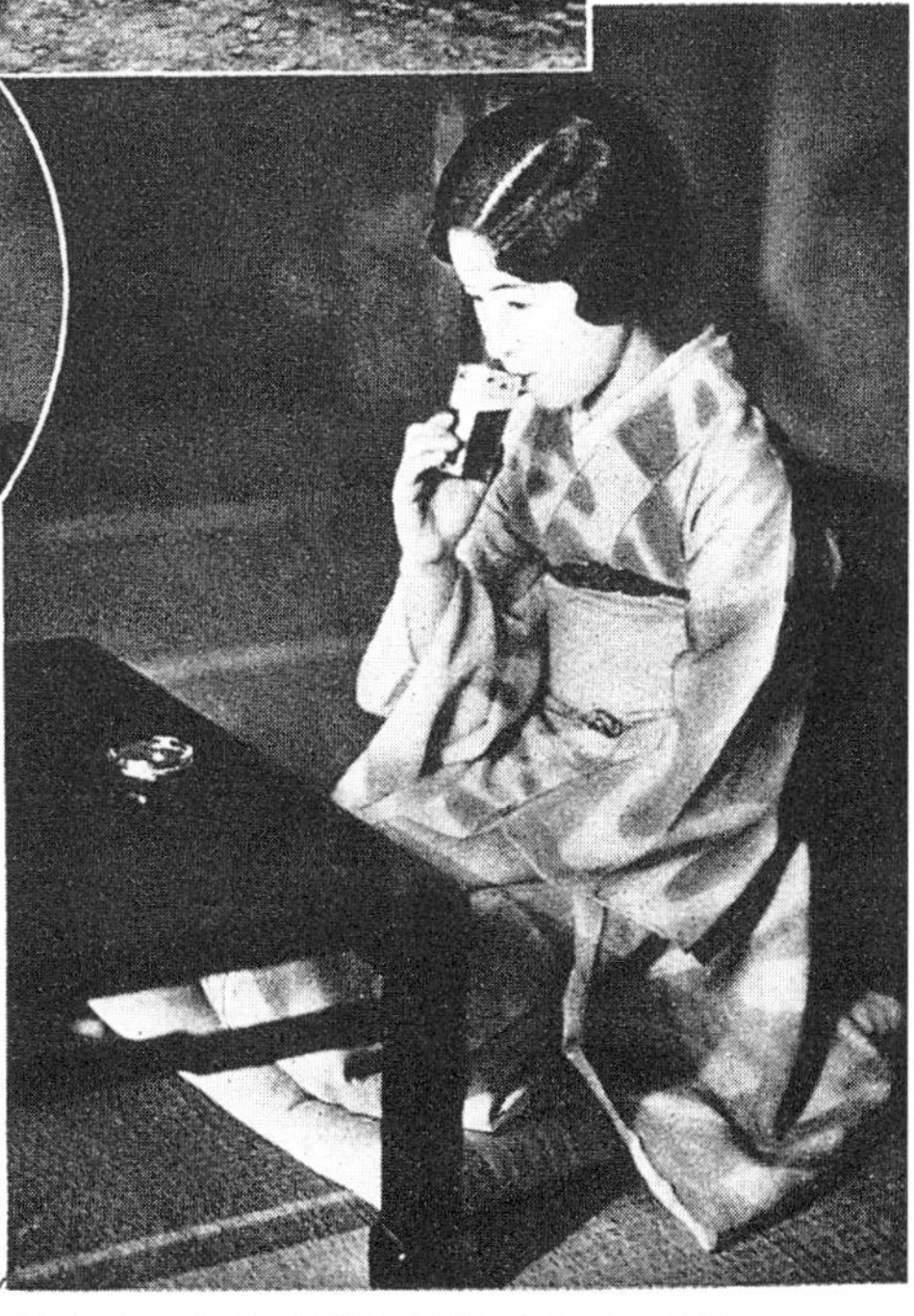

コップの飲物《のみ》の頂《いたゞ》き方

サイダー、冷《ひや》しコーヒーその他冷《つめた》い飲物《のみもの》は大抵コップで臺と共に侑められます。

机《つくゑ》やテーブルのある場合は臺《だい》をその上に殘《のこ》して右手でコップの中程《なかほど》から少し下を持つて頂き、日本間《にほんま》で疊の上《うへ》に出された場合《ばあひ》は、一旦兩手でコップと一緒《いつしよ》に臺も膝《ひざ》の上に取り、臺を膝《ひざ》の左手に殘しておいて右手《みぎて》で頂きます。

飲み終る場合でも餘り反《そ》るやうにして頂くのは見苦《みぐる》しくなります。

『婦人倶楽部』昭和5年7月に掲載された「夏の身嗜み」という企画。
毎日を着物で生活していた当時の女性たちが、
どんな点に留意して着物姿を優雅に見せていたのか……参考にしたい。

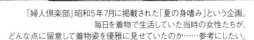

絞《しぼ》り手拭《てぬぐひ》の進め方と使ひ方

訪問《はうもん》して先《ま》づ冷《つめた》い絞《しぼ》り手拭を進められるのは嬉しいものです。絞《しぼ》り手拭はなるべく冷《つめた》い水に浸《ひた》して、四角に小さく疊《たゝ》んだものを滴《しづく》の垂《た》れないやうに固《かた》く絞つて進めます

頂いた手拭はなかば擴《ひろ》げて、下座《しもざ》又は他人の居ない方を向いて輕く手を拭《ぬぐ》ひます。汗《あせ》の出てゐない限り顏は拭《ぬぐ》はないものですが、若《も》し顏を拭く時でも、お化粧の崩《くづ》れない程度にそつと當てるやうにして拭《ふ》きます。襟《えり》の下や脇《わき》の下まで拭《ふ》くのは不作法になります。

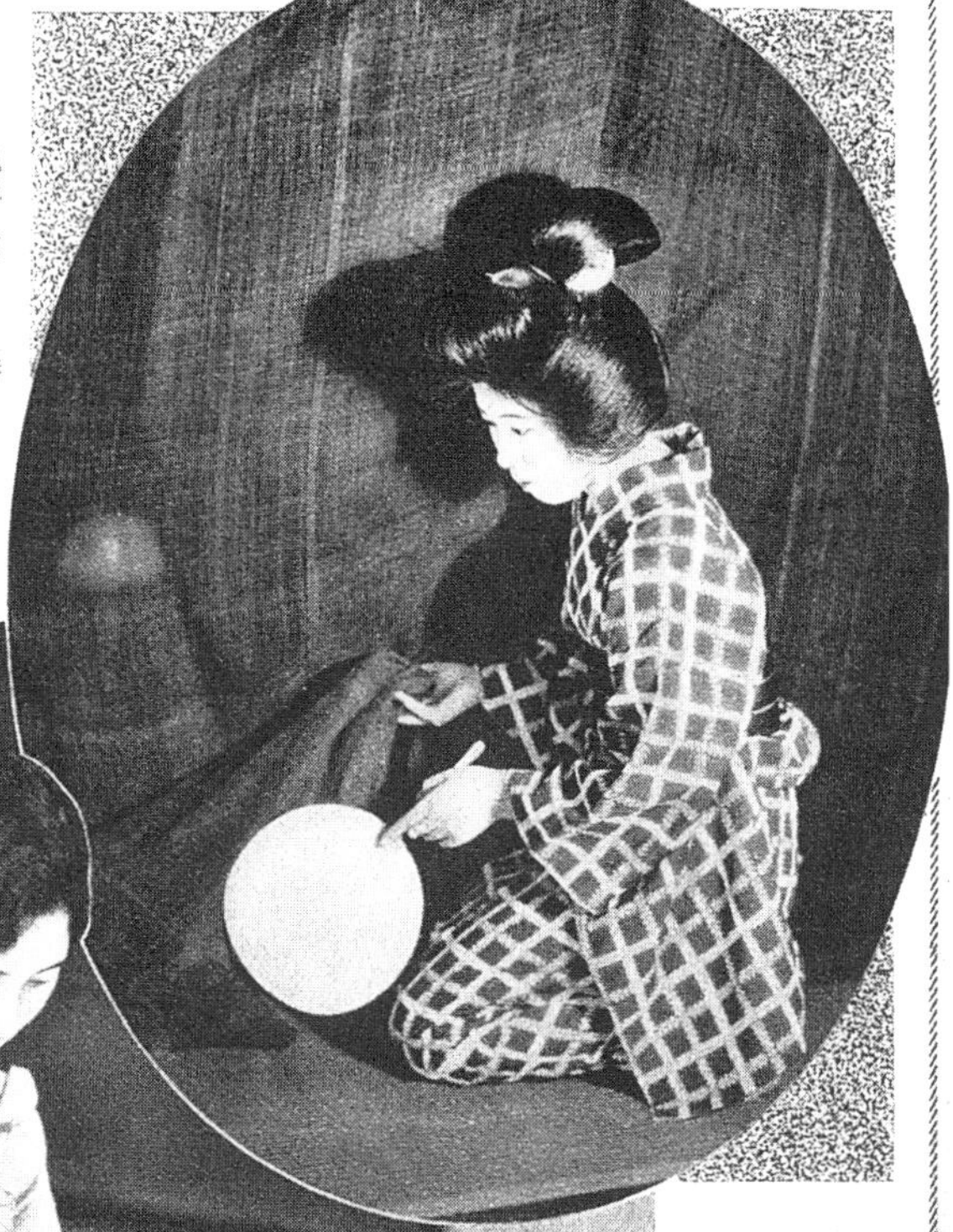

↓果物《くわもの》の侑《すゝ》め方と頂《いたゞ》き方

果物は種類によつてその侑《すゝ》め方や頂き方もいろいろですが、一般に大きいものでない限り、冷《ひや》して置いたものをお客様に剝いて切つて頂くのが自然《しぜん》でよいと思ひます。林檎《りんご》などは剝いておきますと色も香も失せて美味《おい》しくありませんから丸のまゝを出しておいて、食べる前に四つ切にして皮を剝いて侑めお客様《きやくさま》はこれをナイフで適當に切つて楊子《やうじ》などで頂きます。

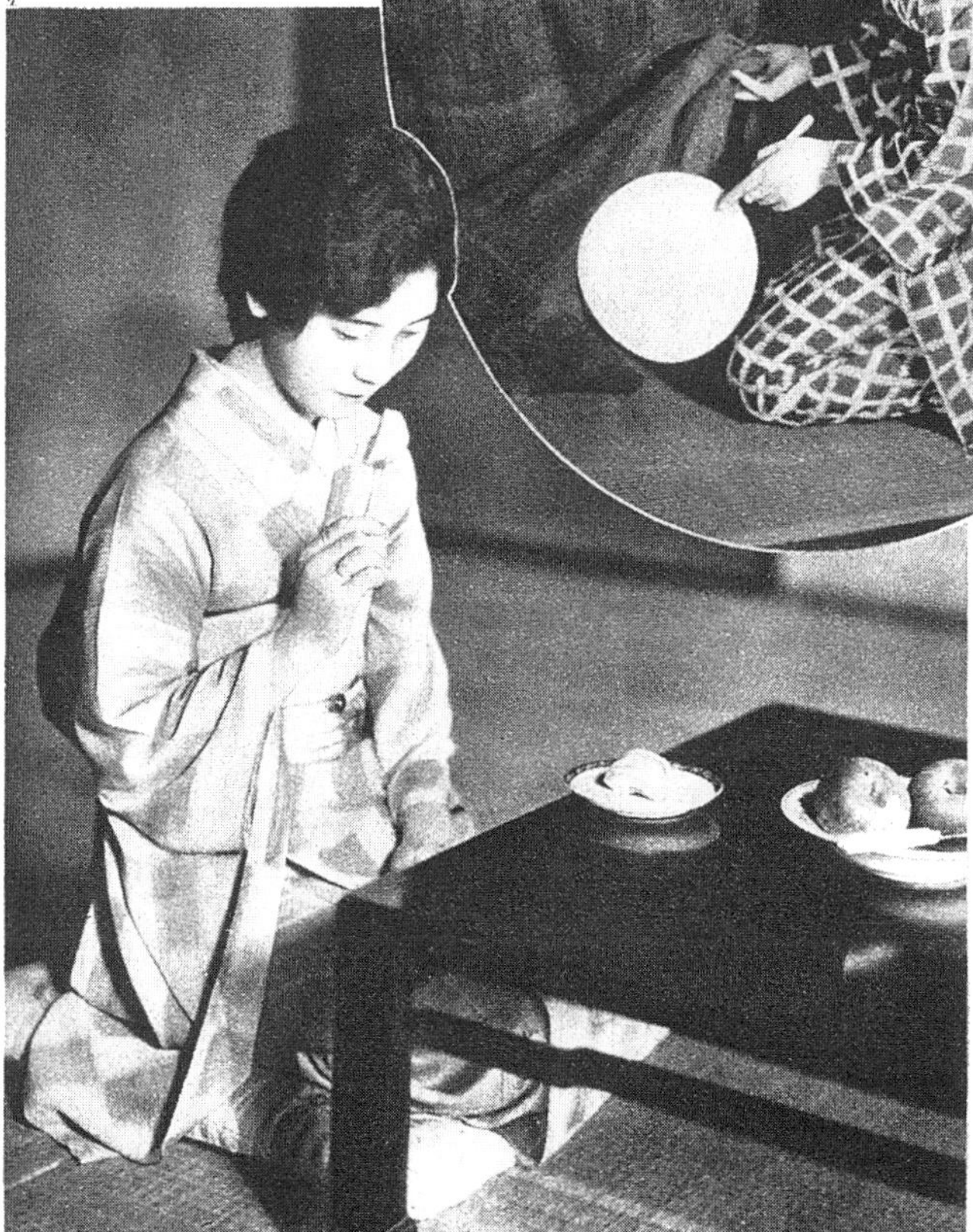

↑蚊帳《かや》の出入

蚊帳《かや》に入る時は團扇《うちは》で附近の蚊《か》を追ひながら、少し横向きにつま立つて充分蚊帳《かや》に近づいてから片手で素早く蚊帳《かや》を揚《あ》げ、潜《くゞ》るやうにして這入《はい》ります。出る時は中から蚊帳を煽ぎ外の蚊を追つておき、入る時のやうにいたします。

昔の雑誌に掲載された着物美人たち

戦前の婦人雑誌に写真が掲載された美人たちの中から、
着物のよく似合う方々をご紹介したい。

『主婦之友』昭和5年1月
体全体を覆う大判のショールが優雅でロマンティックな雰囲気。

『婦人倶楽部』昭和3年3月
掲載雑誌の着物解説文には「大まかな構図、伸びやかな気分力、強い感じ、明快な色調本位のもように、よく今の時代のこころもちが窺われる」とある。裾にチューリップ文様、肩に虹文様、帯に蝶文様が見える。

『主婦之友』昭和5年1月
上前に洋風の建物を描いた珍しい意匠の着物。

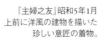

『婦人倶楽部』昭和5年7月
掲載雑誌の説明には、「きりっと引きしまった、いかにも東京らしい美しさを全体に感じます。所謂、モダンガールに見られない、洗練されたよさとでも申しませうか」と書かれている。

『婦人倶楽部』昭和5年7月
髪は束髪。着物の柄は流行の蜻蛉文様。

『婦人倶楽部』昭和5年7月
上前に大きくひまわりを描いた、
大胆な意匠の着物。

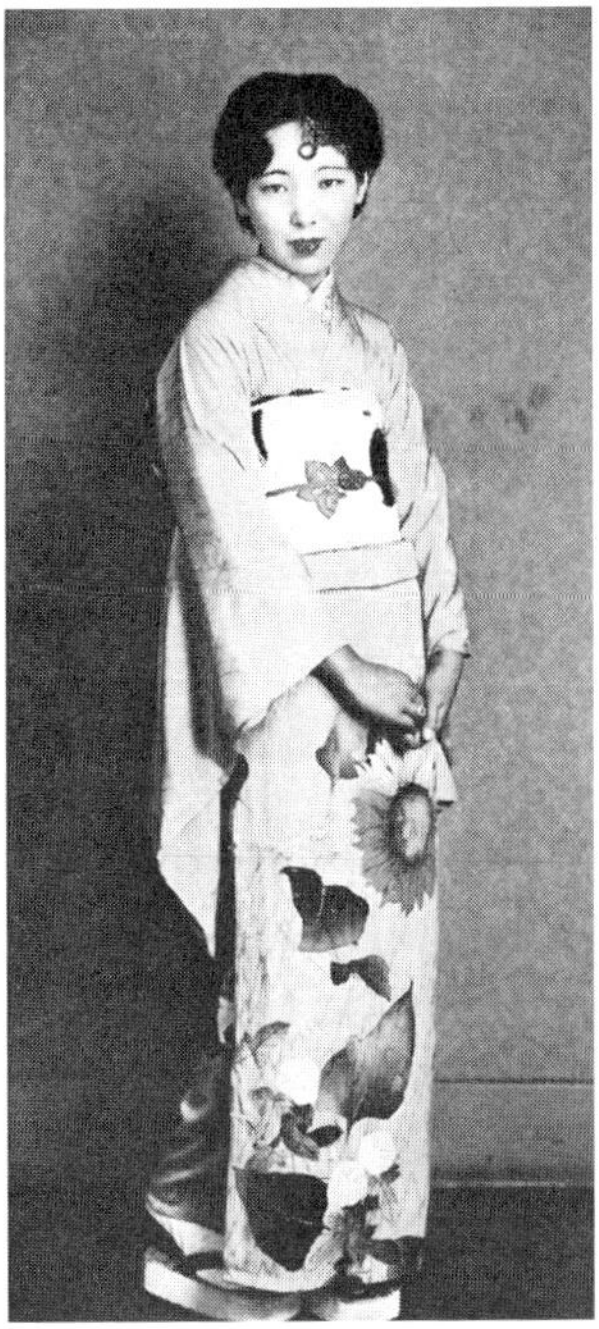

『婦人倶楽部』大正10年8月
ピアノの先生とともに。

『婦人画報』大正2年9月
裾に鉄線の花を
あしらった縞の着物。

『婦人画報』
大正15年2月

流行欄（松屋）

松屋の中形

夕暗に藍の香懐かしい夏が訪づれました。江戸趣味豊かなもの、上品なもの、新らしい銀座好みの清々しい中形浴衣地をいろ〳〵豊富に取揃へて御座います

（下）絽中形　水色に昭和模様を染出したもの
三圓二十錢
モデルは栗島すみ子

（上）絽中形　紺地に匹田の井げたの絣
四圓三十錢
モデルは八雲恵美子

松屋

『風俗雑誌』昭和5年7月流行欄
松屋の浴衣の宣伝。

『婦人画報』大正2年9月

『婦人画報』昭和4年9月
大胆な唐草文様の帯。

抒情画に学ぶアンティーク着物の着こなし

着物の細部に着目しながら抒情画を見る

高畠華宵「(仮題)姿」便箋表紙　昭和初期
薄緑色の着物には白い大きな花の文様。
ふくら雀に結んだ帯には、帆船の絵が大きく描かれており、
この時代特有の大胆な感覚。

生まれたときから洋服を着慣れている現代の若者にとって、着物にどんな帯、羽織、半襟等を合わせるのかという問題は、かなりの難問である。それらのほとんどすべてに文様が入っているのが普通であるが、洋服の場合、そのようなコーディネートをすることはめったにないからである。長沢節の言葉を以下に紹介しよう。

「柄合わせというか、日本人婦人の優れたセンスで驚くことは、きもの、帯、羽織、そのほかたくさんの小物との、まことに複雑な柄合わせの感覚が、誰でも皆一流で、決してそれらを抽象か具象で統一しようとか、同系色の濃淡に合わせようなんていう、ちんぷな洋服的常識などをはるかに超越して、鋭く、八方破れの統一感覚を持ちあわせていることである。それがすべての日本の婦人にそなわっているらしいことだ。(中略)たとえば花柄と幾何学模様とが一つのスタイルの中で平気で使われてしまう、というようなことは、それまで洋服ではタブーだったのだ。それがかなりしつっこくあらゆる部分で繰り返し使われているうちに、だんだんその不思議さに酔ってくるのである」(長沢節『大人の女が美しい』昭和56年)

すでにそのような能力を失ってしまった現代日本婦人のわれわれであるが、数々の抒情画から、かつての〈日本婦人のセンス〉を学びたいものである。

着物と帯のコーディネート

現在の着物を着るときには普通帯板《おびいた》を使うが、戦前、そのような習慣はなかった。帯板を入れて、固くあまりにも立派になってしまった帯は身体になじみにくく、戦後世代を着物から遠ざける一因になったのではないだろうか。抒情画の着物姿を見ると、帯はウエストに沿ってしなやかに折れ曲がっている。毎日着物を着て生活していた当時の女性たちは、案外ルーズに着こなしていたらしい。

竹久夢二「名残りの夕月」『令女界』昭和2年5月

竹久夢二「初旅」『女学世界』大正3年1月
黒い着物に、洋花を描いた白い帯が映える。

高畠華宵
便箋表紙　村田社
大正末〜昭和初期
断髪に着物も可愛い。
帯を胸高に締めて少女らしく。

高畠華宵
「かほる微風」『少女画報』昭和5年5月
帯の、ふっくらと綺麗に結べている感じが、よく描けている。着物と帯のコーディネートは、この絵のように、着物が大柄なら帯は細かい柄を、反対に着物が細かいときは帯を大柄にするのがとよいとされている。

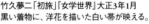

高畠華宵　少女雑誌口絵　大正末〜昭和初期

高畠華宵「新涼」『少女画報』昭和3年9月

高畠華宵「芙蓉」便箋表紙　ベニバラ社　昭和初期

高畠華宵「乙女の日」便箋表紙　村田社　大正末〜昭和初期
着物も帯もアール・デコ調で、モダンなイメージの着こなし。

高畠華宵「初夏の風」『少女画報』
昭和4年5月
この幾何学文様の帯は
華宵の気に入りらしく、
何度も描いている。

右　高畠華宵「雛祭る日」
少女雑誌口絵　大正14年3月
左　高畠華宵「雛の前」
『少女画報』口絵　昭和5年3月

蕗谷虹児　『令女界』表紙　大正14年5月
着物・帯・半襟・帯揚げ、すべてに臙脂色が入って、
同系色のシックなコーディネート。

上　蕗谷虹児「別後哀愁」『少女の友』口絵　昭和13年
緑色の着物に朱赤の帯。草履も朱赤。
反対色の組み合わせの強烈さを、
着物と帯の両方に入った文様の
白さが和らげている。

下　蕗谷虹児『令女界』表紙　昭和3年7月

加藤まさを
「かげろうもゆる」
『少女の友』口絵
昭和4年4月
着物はピンクの地に白い薔薇。帯は茶色の地に黄色の花。ピンクと茶色がシックに調和し、花の黄色と花芯の赤が挿し色になっている。着物は洋服の場合とは違い、色を統一しすぎるのを避ける傾向がある。

71頁　星路　便箋表紙
大正末〜昭和初期
着物にはアール・ヌーヴォー調の曲線文様と菱形。帯には大きな花。着物の曲線文様と帯の花は小豆色で、菱形の緑と調和し、モダンな印象を与える。鳥かごや背景の家屋も洋風でモダンなのだが、襦袢や帯揚げの赤はひなびた色調。都会的な感覚と田舎風の感覚の混交がいかにも大正末から昭和初期の時代を感じさせる。壁に映った少女や鳥の影が、過ぎた時代の空気をリアルに伝えてくれるようだ。

右　加藤まさを「夕空はれて」少女雑誌口絵
大正末〜昭和初期

左　加藤まさを「すすきの丘」少女雑誌口絵
大正末〜昭和初期

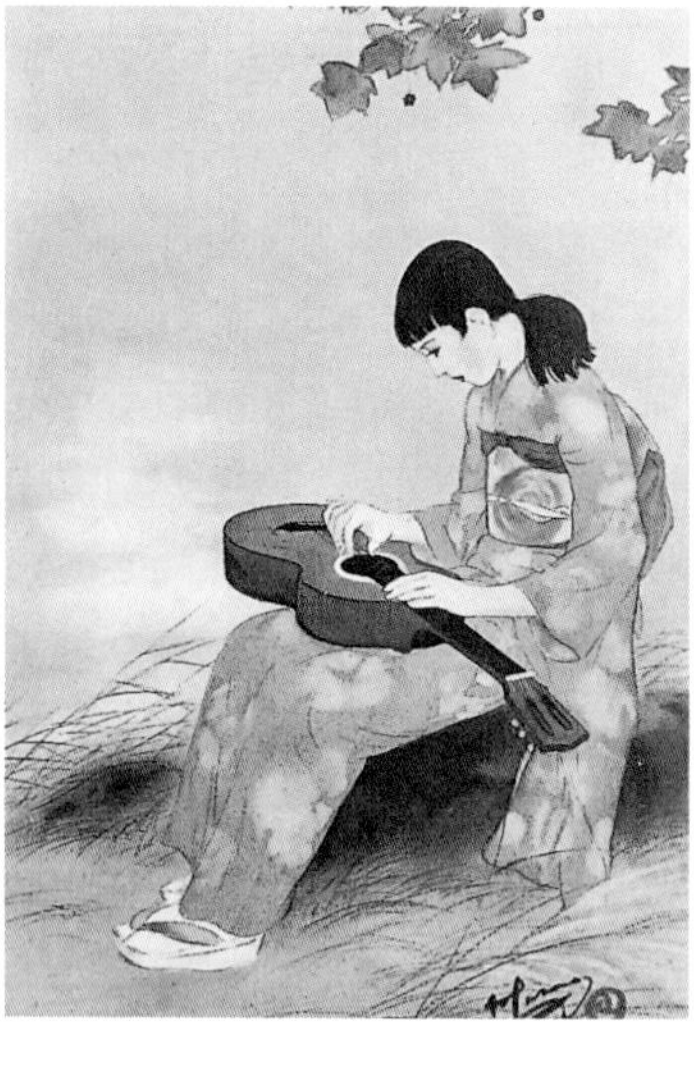

長谷川つゆじ「はるのうた」
少女雑誌口絵
大正末〜昭和初期
着物は茶色の地にオレンジとブルーで花を描き、帯は黒地にワインレッドのチューリップ。髪のリボン、半襟、襦袢、草履をチューリップのワインレッドに合わせて統一感を出している。帯揚げのオレンジは着物の花柄に合わせ、またその帯揚げを大きく見せることで華やかさを出している。

小林秀恒「しろあと」
『少女の友』口絵
昭和12年6月
着物はグレーと黄色の大柄な縦縞に麻の葉文様。帯は臙脂、白、グレー、黒の縞。着物の明るい色調と帯のシックな色合いが心地よい調和を見せている。帯揚げと襦袢の色を合わせていることにも注目したい。

高畠華宵「鸚鵡の唄」便箋表紙　大正末〜昭和初期
格子柄の着物に花文様の帯。
格子と花の組み合わせは洋服で育った世代にとっては不思議。
それでも着物の場合、調和するところがさらに不思議。

羽織と着物のコーディネート

戦前までの羽織は現在のものより、裾がだいぶ長かった。袖についても、着物自体の袖が長かったので、必然的に長かった。そして、現在より頻繁に着用していたようである。暖房が発達していない時代なので、保温のためにも羽織が必要だったのである。

高畠華宵「(仮題)雛祭る宵」
少女雑誌口絵
大正末〜昭和初期

高畠華宵「観劇」
雑誌口絵　大正末〜昭和初期
羽織の文様は柊であろうか。
クリスマスの頃に着たい羽織。

高畠華宵「かるたとる日よ」
少女雑誌口絵
大正末〜昭和初期
赤い地は梅文様、白地には緑で
羊歯文様の絵羽羽織。

加藤まさを「春の宵」『少女倶楽部』昭和2年5月
洋間でマンドリンを弾く少女が着ているのは、
銘仙の羽織。抒情画にはよくマンドリンが描かれ、
当時の流行りと思われる。

加藤まさを「初便り」『少女画報』昭和5年1月
船には裏白が飾ってあり､お正月の風景である。
読んでいるのは、慕わしい上級生からの手紙
であろうか。大切な人からの手紙は静かな所
でひとりきりになって読みたい……少女は手
紙を読むために海岸にやってきたのであろう。
彼女の着物の布地は御召しのように見える。

高畠華宵「(仮)年賀状」出典不明　大正末〜昭和初期

75頁　齋藤春久　少女雑誌口絵　大正末〜昭和初期
「半襟と帯締めの黒が黄色の着物に映えますね。
でも実際は、半襟を黒にする人は、
あの頃いなかったわよ」(古賀／談)

半襟《はんえり》

大正の半ばくらいまでは、まだ全般に着物は地味で、そのかわり半襟が華やかだった。

刺繍の半襟は大正三年(一九一四)頃から用いられるようになった。

以後、半襟にかける女性たちの情熱はエスカレートし、ものによっては着物より高価な半襟も現れた。

珊瑚やダイヤ・翡翠等を縫いつけたこともあったという。戦前は現在の着付けよりも、半襟を大きく見せていた。

蕗谷虹児「此の年に幸あれ」『令女界』表紙　昭和3年1月
「帯に孔雀の羽根、羽織に鶴の文様があるわね。
そしてこの方イヤリングをしているわ……着物の色に合わせた朱色よ
……なんてモダンなんだろ」(古賀/談)

高畠華宵　森屋ポスター
半襟に孔雀の羽根文様。

高畠華宵「いとしゆいわた」
華宵新作抒情美人画　昭和6年
着物にも帯にも半襟にも、ぎっしりと精緻な文様を描き込むのが華宵の特徴。洋服では考えられないやり方であるが、着物の場合なら華やかに調和する。

高畠華宵『少女画報』口絵　昭和4年1月　昭和25〜26年頃まで、白い半襟は一般的ではなかった。

襦袢《じゅばん》と襲《かさね》

襦袢は肌着の上、着物の下に着るものである。袖の振りからのぞき見えるものであり、着物の袖の色・柄とのコーディネートを考えて選ばれる。

襲は格式の高い装いの際に用いられ、襦袢の上、着物の下に着られた。やはり振りや、前合わせから色文様をのぞかせるものであり、着物・帯・半襟との兼ね合いが重要である。襲が簡略化されて比翼《ひよく》仕立ての着物となり、それも簡略化されて現在は伊達襟《だてえり》を用いるようになっている。

竹久夢二「春を待つ日」『新婦人』口絵　大正9年3月
着物は薄いベージュと黒の網代文。地味な着物ながら、襦袢にサーモンピンク、裾回しと袖口布に水色を配し、抑えた甘さを感じさせるコーディネート。着物は帯や半襟だけではなく、襦袢や裾回しの色も計算に入れて着るものなのだと教えてくれる絵。壁紙や家具のパステルカラーとあいまって「春を待つ日」というタイトルにぴったりの、やさしい光に満ちた光景である。

79頁　高畠華宵「(仮題)秋の風」出典不明　大正末〜昭和初期
これも着物は地味ながら、帯、襦袢、半襟、帯留めに少しずつ色を使い、シックな中にも華を感じさせるコーディネート。襦袢の薔薇文様がアール・デコ調にデフォルメされていることにも注目したい。

高畠華宵「暴風雨《あらし》」の薔薇」
『主婦之友』口絵　昭和5年1月
「左の人は訪問着ね。昔の袖は長かったの。これも二尺の袖ね。錦紗の着物に襲を着て、黒い帯には松葉の文様。石(宝石のこと)の入った帯留めをしているわ。右の人の着物は銘仙ね」(古賀／談)

高畠華宵「雛の宵」『少女の友』口絵
大正末〜昭和初期
「染め分けの錦紗の着物ね。襲を着てるわ。昔は本当の礼装のとき、羽織は着ませんでした」
(古賀／談)

高畠華宵「(仮題)想い」便箋表紙
日出づる国社
「これは江戸期の風俗を描いたものでしょうね。萩文様の紗の着物の下に赤い襲を着ているのね。このたらした帯の結び方は江戸時代のものよ。でも実際にはこんなに着込んだら暑いんじゃないかしら」(古賀／談)

蕗谷虹児「新緑」『令女界』表紙
昭和3年5月
茶色と白のセルの着物。
帯の赤と襦袢の赤が、華やぎを添える。

ショール

ショールに包まれた女性の華奢な肩は、いっそう繊細に見えるものである。
洋服では大げさになってしまいがちな大判のショールも着物にはなじみやすい。
大正末から昭和初期にはビロードやレースのショールが流行ったといわれるが、
その他にも布の種類や手芸技法をさまざまに駆使して多彩につくられていた様子を
抒情画家たちの作品から見てとることができる。

高畠華宵「美人創造——
華宵好みの流行スタイル」
『婦人世界』昭和4年4月
「左の人は錦紗の着物に錦紗の絵羽羽織で、畳付きの下駄を履いているわ。右の人はフェルトの草履ね」(古賀／談)

83頁　久保田清春　便箋表紙
大正末〜昭和初期
「シフォンベルベットのショールね。これは軽いのよ。こういうレースのついたショールが一時流行りましたよ。蛇の目の傘をさしているのね。傘の色も着物やコートに合わせて何本か持っていたものよ」(古賀／談)

高畠華宵「(仮題)黒いレース」雑誌
大正末〜昭和初期
レースの繊細さに注目したい。髪型は流行の「耳隠し」。

高畠華宵「冬じたく」便箋表紙
日出づる国社　大正末〜昭和初期
キツネの襟巻きは昭和5年頃から流行った。
バッグのモダンな形にも注目したい。

高畠華宵「落葉」『少女画報』口絵　大正14年11月
「これもシフォンベルベットのショールね」（古賀／談）

高畠華宵「(仮題)水仙」『婦人世界』
大正末〜昭和初期
ポケット付きのショール。

高畠華宵「初日うららか」『少女画報』口絵　昭和2年1月
「これは厚手のシルクのショール。
粗くスモックをとっているのね。袴を穿いているから女学生よね。
こんなおしゃれな格好は
お正月やクリスマスのときだけよね(古賀／談)

寒い日には……

もし日本が四季のはっきりしない国であったら、日本人はこんなにおしゃれな国民ではなかったかもしれない。

一年中同じ格好をしていられないほどの気温差があるからこそ、さまざまに衣服を考案し、
それがおしゃれのヴァリエイションを広げることにつながったのである。

寒さの厳しい日、着物は襟もとが開いているのでショールやマフラーを巻いて首や肩を暖める。

それでも寒ければ、羽織やコートを着る。手袋もする。

現在のコートは無地が多いが、夢二や華宵の活躍当時は文様がさまざまで、華やかな花柄もあった。

竹久夢二「白梅」『少女世界』昭和2年2月
トランプのクローバー文様のコート。

竹久夢二「よき朝」『少女画報』大正4年1月　桜草文様のコート。

竹久夢二「春のバルコン」『少女世界』大正15年4月
「これは膝丈だから道行ね。
雨コートはもっと長いのよ」(古賀／談)

高畠華宵　『婦人世界』表紙絵　年代不明　2月号
このコートの文様は、
アール・ヌーヴォー文様とも唐草文様ともいえよう。

高畠華宵「そよ風」便箋表紙　村田社
大正末〜昭和初期
「この人の巻いているマフラーは
洋服用じゃないかしら。
クレープデシンという生地よ。
こういう風に洋服のものを
組み合わせるのも素敵ね」(古賀／談)

竹久夢二『少女の友』表紙　昭和2年3月

星路　便箋表紙　大正末〜昭和初期
毛の玉がたくさんついたショール。

高畠華宵「ささやく木の葉」便箋表紙　日出づる国社　大正末〜昭和初期

布地を見る

吉屋信子が書いた「暴風雨《あらし》の薔薇」（『主婦之友』昭和五年一月〜六年四月）には次のような件《くだり》がある。
「こう言いながら、母親は澪子を今更に見やった。
平常でも錦紗の羽織ぐらい粗末に着てしまう我が娘に引き更え人の家へ遊びに来るとても、
やや古びた銘仙を手入れよく着こなしたに過ぎぬ、
つつましい身なりながら姿もよく瞳も綺麗なその娘を、温かい思いやりと、感心した気持ちで眺めるのだった」（八〇頁上の絵を参照）

お金持ちで我儘なお嬢様と、貧しくけなげな娘……

それぞれの境遇とキャラクターの違いを表現するのに錦紗と銘仙がひきあいに出されている。

着物の生地には、現代の洋服生地とは比較にならぬほど重要な意味があったらしい。

錦紗　きんしゃ

高級な絹である縮緬《ちりめん》の一種。縮緬の中で縦糸が細く、薄手でしぼ（皺のこと）が小さいものが錦紗縮緬であるが、ただ錦紗と呼ぶことが多い。文様は布の上に描くので、自由自在に華やかにすることもできる。身体の線に沿って流れるようなとろりとした感触の布。華宵が好んで錦紗を着た女性を描いた。

呉羽麓郎「装ひ」少女雑誌口絵
大正末〜昭和初期

錦紗の着物　比翼仕立て
所蔵する堀江スミエ氏が昭和5年に結婚した際、式後の披露目に着た着物。孔雀や牡丹・芥子の文様が豪華。帯の結び方はふくら雀。半襟・帯揚げ・帯締めは現代のもの。

加藤まさを「ひとり野に出て」
少女雑誌口絵　大正末〜昭和初期

銘仙《めいせん》

絹織物。銘仙は太くて粗い糸で織るため丈夫なうえ、他の絹地に比べると安価なので、大正・昭和戦前まで庶民に大変な人気があった。

当時流行りのアール・デコのデザインを取り入れるなど、文様に斬新なものが多いことも人気をいっそう高めた。

もとは地味な柄の多かった銘仙が華やかにイメージ・チェンジをするにあたっての有名なエピソードがある。

銘仙　袷《あわせ》
大正末〜昭和初期
女学生が友人の家に遊びに行くところを想定して、帯は貝の口に結んでみた。本来は長かった袂を短くしたもので、半襟、帯揚げは現在のもの。

そのエピソードを語る安田丈一の文を引用しよう。「乃木将軍は日露戦争後、軍事参議官を経て明治四一年（一九〇八）学習院の院長に就任した。当時の学習院は宮内省直轄の学校で、生徒たちは皇族華族の子弟ばかりであった。当然女生徒の服装は華やかであった。質実剛健な乃木希典はこれを苦苦しく思い、女子の服装を改めるよう命じ、今後生徒の服装は銘仙以下のものと定めたのである。

それまで華やかな友禅縮緬で登校していた生徒たちが、いきなり縞や絣のじみな銘仙とはかなりショックであったに違いない。この様子を聞いた呉服屋が、銘仙で友禅に相当する製品を創ろうと、伊勢崎の機屋と研究してつくったのが、模様銘仙であった。これは整経した経糸を仮織して多彩な色を型紙を使って印捺して模様染として、仮織された緯糸をほぐしながら織り上げる方法であった。後にこの技法を『ほぐし銘仙』といわれた模様銘仙である。この模様銘仙が学習院女生徒たちに人気があって、たちまち世間一般に拡がったのである」（財団法人民族衣裳文化普及協会　責任編集／近藤富枝『大正のきもの』昭和五五年より抜粋）

元義雄「光る蜻蛉」『令女界』表紙　昭和5年10月

セル

薄地の毛織物。大正年間を最盛期として昭和初期まで人気があった。袷《あわせ》の季節と単《ひとえ》の季節の合間、五〜六月と一〇月頃に着る。そこで「セルを着る」という言葉は、季節の変わり目を意味した。当時の少女雑誌の五月号の表紙や口絵には、セルを着た少女の背景に燕が飛んでいる図がよく描かれた。

セルの布　遠藤寛子氏蔵

竹久夢二「mai」『婦人グラフ』大正15年5月

95頁　高畠華宵　少女雑誌口絵　大正末〜昭和初期

紗
しゃ

夏用の透ける生地。普通の人は着物の下に襦袢《じゅばん》を着けるので体が見えることはないが、涼しげで色気のある生地である。夏の透ける布には「絽《ろ》」もあるが、「絽」は糸を引き抜いて透かしてあるので縞目のあるのが特徴。

高畠華宵「軽羅」出典不明　大正末〜昭和初期
「この女性の髪型は、当時流行ったラジオ巻きなのね。
普通の人はこんな透けた着物のときは
長襦袢を着ますよ。
帯締めもリボン結びにして、
ちょっと変わった着方ね」（古賀／談）

高畠華宵「快歩」『少女画報』大正15年8月
「紗の着物に袴なんて、現実には着ませんでしたよ」（古賀／談）

「女工哀史」

抒情画に描かれたお嬢様や女学生たちは、いわば当時の理想像であり、大正から昭和にかけての大多数の少女の家は貧しかった。女学校進学率は都市部で十数パーセント、村落部で数パーセントにしかすぎなかった（『モダンガール論』斎藤美奈子より）

貧富の差が現代より激しく、残りの90パーセントの貧しい少女たちの多くは、女中になるか女工になった。そして、この女工たちが働いたのは、繊維工場——つまり着物の布をつくるための工場だったのである。

女工の労働条件は過酷で、寄宿舎の生活環境も劣悪であった。女工たちは次々と病気になり、その悲惨なありさまを描いた『女工哀史』（細井和喜蔵）が大正14年、ベストセラーになって社会の関心を呼んだ。

また、絹糸の原料をつくる蚕を育てるのも農家の女性の仕事であり、重労働にもかかわらず貧しい生活を強いられていた。着物をつくるための労働に携わっていた女性の多くは、美しい着物とは無縁な生活を送っていたという皮肉な現実があったのである。

現在、われわれがアンティーク着物を手にしたとき、身につけた女性のことと ともに、作り手だった女性たちのことも思い、感謝の気持ちを忘れぬようにしたいものである。

御召し《おめし》

上質生糸の絹織物。御召縮緬の略。錦紗にはない渋みと、張りのある感触が特徴。本来、絣《かすり》や縞など単純な柄であったが、後には華やかな文様を織ることが可能になった。

蕗谷虹児「追想」出典不明
大正末〜昭和初期

須藤しげる「(仮題)秋風」出典不明　昭和10年

木綿
もめん

われわれに最もなじみのある着物といえば木綿の浴衣《ゆかた》である。木綿は汗を吸うので夏の素肌に心地よい。

現在浴衣に結ぶ帯をお太鼓にすることはほとんどないが、大正末から昭和初期には成人した女性の場合、お太鼓をつくり帯締めをするのが普通だった。

深谷美保子「陽沈む彼方」『少女の友』口絵
昭和9年9月
花火文様の浴衣。

深谷美保子　少女雑誌口絵　昭和初期
朝顔文様の浴衣。

着物を
いっそうおしゃれに
装うためのグッズ

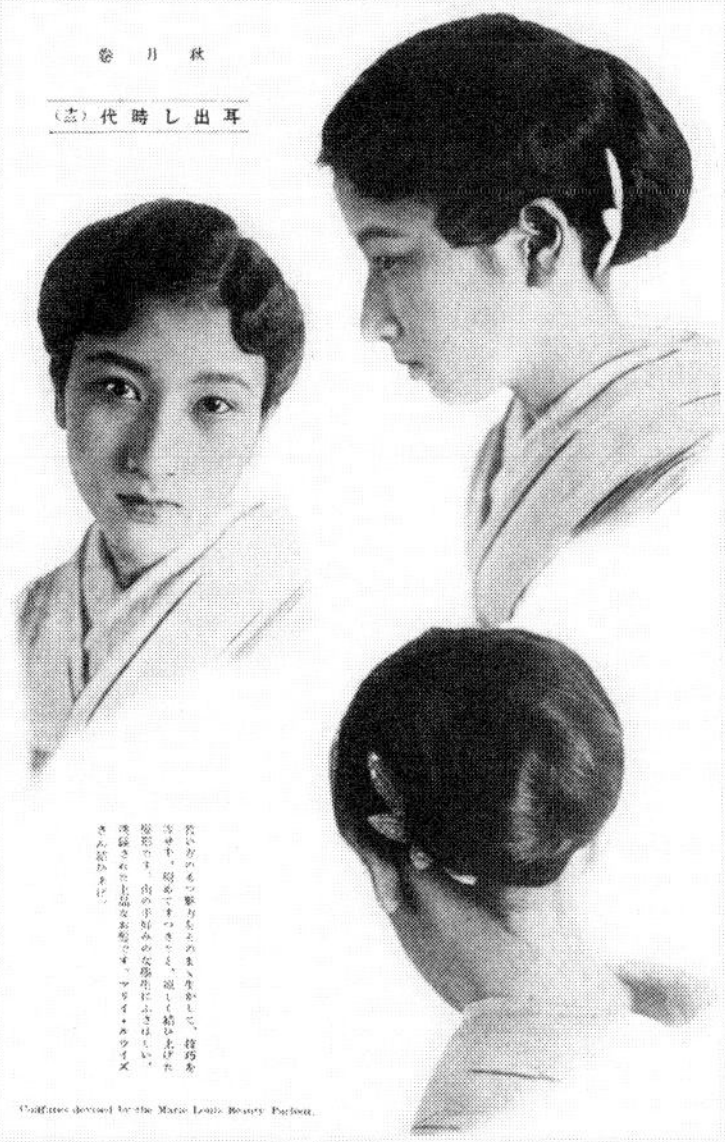

「耳出し時代」『婦人画報』昭和4年9月

同じ着物でも、合わせる帯が変われば印象が変わる。

さらには、半襟・帯揚げ・帯締め・ショール・バッグ・履物・パラソル・扇・帯留めなど、小物たちが集まってひとつのコーディネートが完成される。そしてさらには、髪型や髪飾りも着物姿の一部として重要な働きをする。自分の着物姿をつくりあげるということは、なかなか大変な、しかしそれだからこそ楽しい作業である。

ここでは、当時の雑誌に紹介された小物類をご覧いただく。

今冬の流行
ハンドバツク

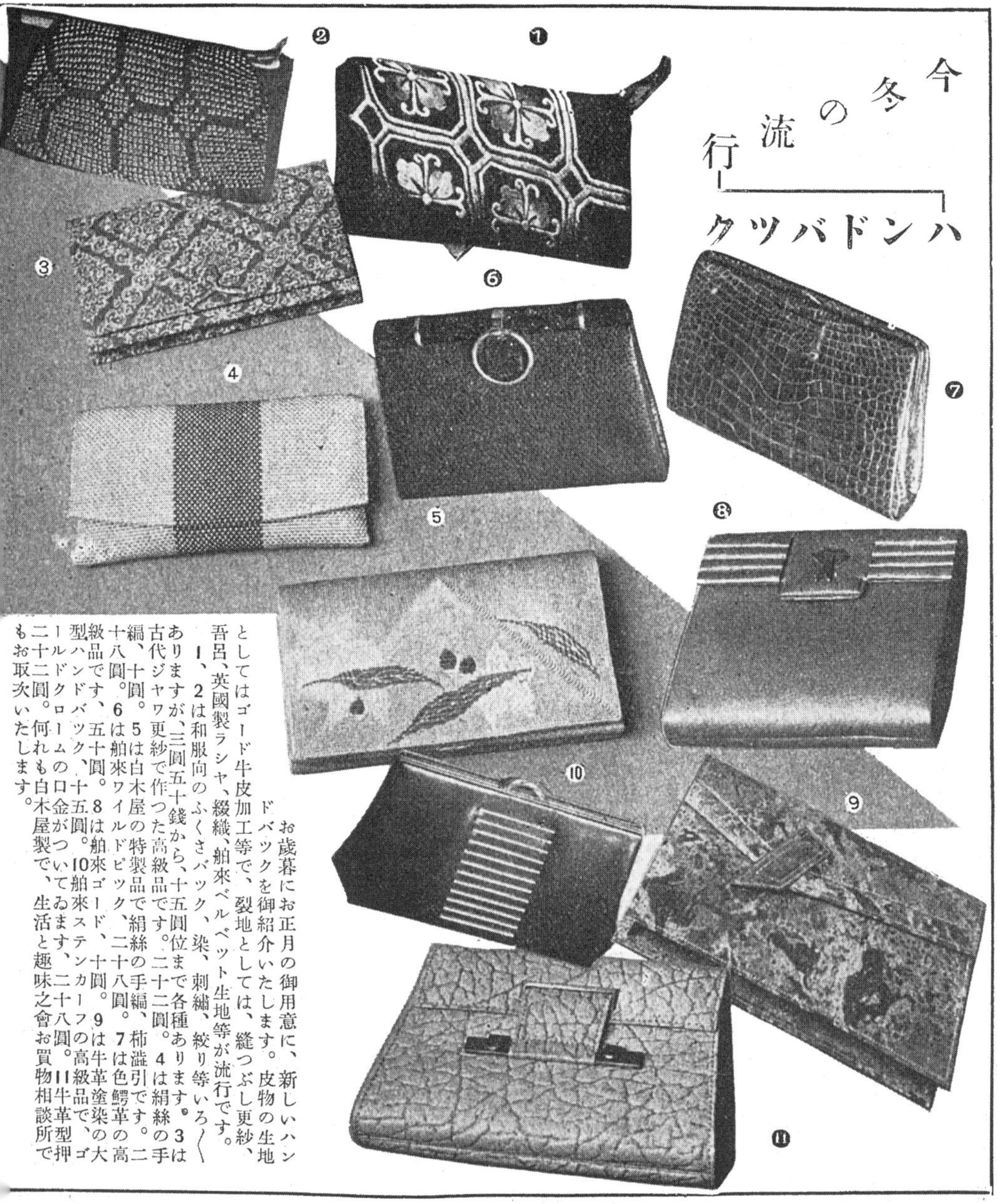

お歳暮にお正月の御用意に、新しいハンドバックを御紹介いたします。皮物の生地としてはゴード牛皮加工等で、裂地としては、縫つぶし更紗、吾呂、英國製ラシヤ、綴織、舶來ベルベット生地等が流行です。

1、2は和服向のふくさバック、染、刺繍、絞り等いろ〳〵ありますが、三圓五十錢から、十五圓位まで各種あります。3は古代ジヤワ更紗で作つた高級品です。二十二圓。4は絹絲の手編、十圓。5は白木屋の特製品で絹絲の手編、柿澁引です。二十八圓。6は舶來ワイルドピツク、二十八圓。7は色鰐革の高級品です、五十圓。8は舶來ゴード、十圓。9は牛革塗染の大型ハンドバツク、十五圓。10舶來ステンカーフの高級品で、ゴールドクロームの口金がついてゐます、二十八圓。11牛革型押二十二圓。何れも白木屋製で、生活と趣味之會お買物相談所でもお取次いたします。

バッグ

BAG OBI 100

『生活と趣味』昭和11年1月

帯 八題

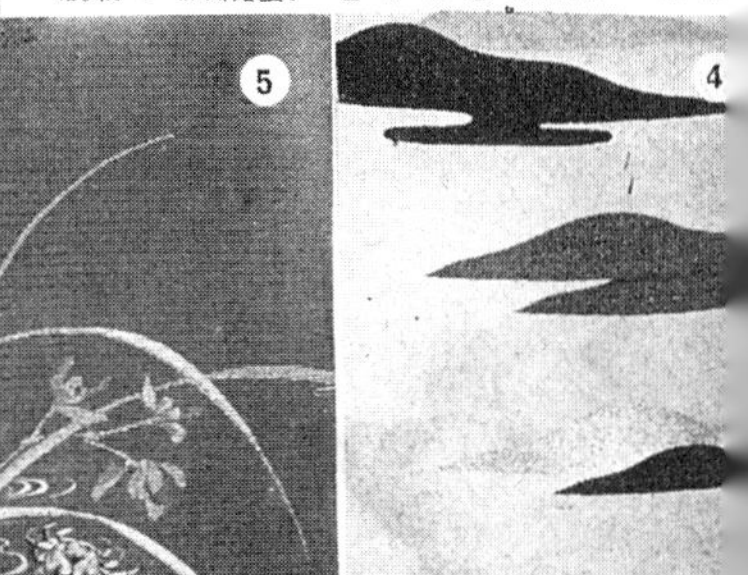

す。四月下旬《げじゅん》、渡邊《わたなべ》帯二商店（問屋）で開かれた夏帯陳列會には單帶《ひとへおび》、絽《ろ》、紗《しゃ》、風通《ふうつう》の逸品《いっぴん》揃ひで、今夏《こんか》の素晴《すば》しい流行《りうかう》をしのばせてゐました。生活《せいくわつ》と趣味之會《しゅみのかい》お買物相談所《おかひものさうだんじょ》でお取次《とりつぎ》します。

1　中央《ちゅうおう》は金色地《きんいろぢ》の繻子《しゅす》で、左右《さいう》は白地《しろぢ》の紗《しゃ》といふ、變《かは》り生地《きぢ》。錆緑《さびろく》、淡古代《うすこだい》、洗朱《あらひしゅ》、鼠《ねずみ》クリーム色《いろ》などで、模様《もやう》を出した上品《じゃうひん》なもの。二十六七歳向《さいむき》。（十九圓三十錢）　2　白地《しろぢ》の紗《しゃ》に銀《ぎん》と鼠《ねずみ》、錆緑《さびろく》で山水《さんすい》を見《み》せた四十二三歳向《さいむき》。（二十六圓）　3　白地《しろぢ》の絽《ろ》に、竹《たけ》は銀《ぎん》で、葉《は》を錆朱《さびしゅ》、紺《こん》、金《きん》で出した廿五六歳向《さいむき》。（二十六圓五十錢）　4　白地紗《しろぢしゃ》の織《おり》の單帶《ひとへおび》で、紺《こん》の濃淡《のうたん》、錆朱《さびしゅ》、金《きん》と銀《ぎん》などで遠山《えんざん》を見《み》せた卅二三歳向《さいむき》。（十七圓五十錢）　5　「閑庭《かんてい》」といふ題《だい》で特《とく》に考案部《かうあんぶ》で圖案《づあん》したもので、絽目《ろめ》のつゞれ單帶《ひとへおび》。濃《こ》い納戸地《なんどぢ》に、刺繍《ししう》で金《きん》の蘭《らん》の花《はな》に、銀《ぎん》の葉《は》と水《みづ》、寫實風《しゃじつふう》の蟹《かに》を配《はい》した逸品《いっぴん》。四十六七歳向《さいむき》。（九十一圓）　6　白地《しろぢ》に朱《しゅ》の麻《あさ》の葉《は》を出した風通《ふうつう》で、二十二三歳向《さいむき》。（十七圓五十錢）　7　黒《くろ》と銀《ぎん》との大膽《だいたん》な色彩《しきさい》の地《ち》に、臙脂《えんじ》の朝顔《あさがほ》を出した風通《ふうつう》で、モダンな廿歳前後向《さいぜんごむき》。（四十七圓五十錢）　8　銀地《ぎんぢ》と白《しろ》との市松《いちまつ》の絽《ろ》に金《きん》、銀《ぎん》、洗朱《あらひしゅ》、納戸《なんど》、青磁《せいじ》、黒《くろ》で上品《じゃうひん》な花《はな》の丸《まる》を見《み》せた丸帶《まるおび》廿歳《さい》から三四歳まで。（七十二圓）

帯

實《み》を鳩羽色《はとばいろ》の濃淡《のうたん》、枝《えだ》を金《きん》、銀《ぎん》で出《だ》した三十七八歳《さい》から四十歳位向《さいくらゐむき》。（四圓六十錢）

9 極《ご》く淡《うす》い鳩羽《はとば》地《ぢ》に、銀鼠《ぎんねず》の濃淡絞《のうたんしぼ》どり（金、銀を配した）の笹《ささ》を出《だ》し、淡鳩羽《うすはとば》で竹《たけ》の斜格子《ななめがうし》を出《だ》した四十歳《さい》前後向《ぜんごむき》。（四圓六十錢）

10 淡《うす》いピンク地《ぢ》に、金《きん》、銀《ぎん》、朱《しゅ》と白《しろ》のぼかしで扇《あふぎ》を出《だ》し、朱《しゅ》と白《しろ》で花《はな》を、白《しろ》、淡朱《うすしゅ》で笹《ささ》を出《だ》したしとやかな柄《がら》。廿歳《さい》から廿二三歳向《さいむき》。（四圓六十錢）

11 淡《うす》い鳩羽《はとば》地《ぢ》に、濃《こ》い古代紫《こだいむらさき》の濃淡《のうたん》で梅《うめ》を出《だ》した品《ひん》のよい柄《がら》。三十七八歳《さい》から四十歳向《さいむき》。（二圓八十錢）

12 白《しろ》に近《ちか》い白茶《しらちゃ》地《ぢ》に、花《はな》を白《しろ》、鳩羽鼠《はとばねずみ》の濃淡《のうたん》で出《だ》し、柴垣《しばがき》を淡鼠《うすねずみ》、金《きん》で現《あらは》した上品《じゃうひん》な柄《がら》。三十七八歳位向《さいくらゐむき》。（二圓八十錢）

13 極《ご》く淡《うす》い鳩羽鼠《はとばねずみ》地《ぢ》に、銀鼠《ぎんねず》の濃淡《のうたん》で梅《うめ》を出《だ》し、銀糸《ぎんし》の霞《かすみ》を配《はい》した澁《しぶ》く上品《じゃうひん》な柄《がら》。四十歳《さい》から四十五六歳《さい》向《むき》。（四圓六十錢）

14 白《しろ》に近《ちか》いピンク地《ぢ》に、金《きん》、銀《ぎん》で扇面《せんめん》を出《だ》し、梅《うめ》の花《はな》を白《しろ》、茶《ちゃ》、水仙《すゐせん》の花《はな》を白《しろ》、錆朱《さびしゅ》で出《だ》した優雅《いうが》な柄《がら》。廿五六歳《さい》から三十歳向《さいむき》。（二圓八十錢）

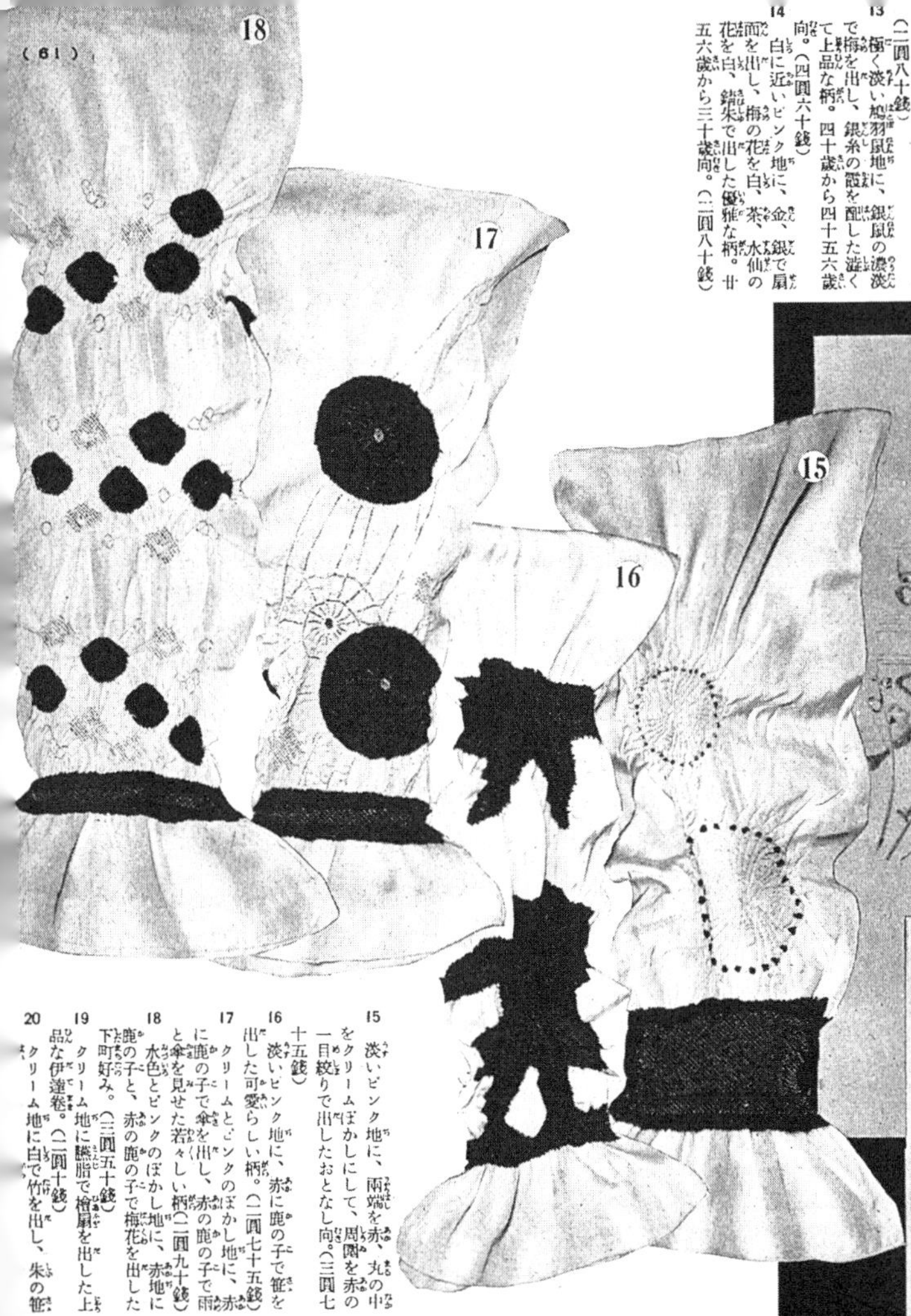

15 淡《うす》いピンク地《ぢ》に、両端《りやうはし》を赤《あか》、丸《まる》の中《なか》をクリームぼかしにして、周圍《しうゐ》を赤《あか》の一目絞《めしぼ》りで出《だ》したおとなし向《むき》。（三圓七十五錢）

16 淡《うす》いピンク地《ぢ》に、赤《あか》に鹿《か》の子《こ》で笹《ささ》を出《だ》した可愛《かあい》らしい柄《がら》。（二圓七十五錢）

17 クリームとピンクのぼかし地《ぢ》に、赤《あか》に鹿《か》の子《こ》で傘《からかさ》を出《だ》し、赤《あか》の鹿《か》の子《こ》で雨《あめ》と傘《かさ》を見《み》せた若々《わかわか》しい柄《がら》（二圓九十錢）

18 水色《みづいろ》とピンクのぼかし地《ぢ》に、赤地《あかぢ》に鹿《か》の子《こ》と、赤《あか》の鹿《か》の子《こ》で梅花《ばいくわ》を出《だ》した下町好《したまちごの》み。（三圓五十錢）

19 クリーム地《ぢ》に臙脂《えんじ》で檜扇《ひあふぎ》を出《だ》した上品《じゃうひん》な伊達卷《だてまき》。（二圓十錢）

20 クリーム地《ぢ》に白《しろ》で竹《たけ》を出《だ》し、朱《しゅ》の笹《ささ》

帯揚げ・半襟

OBIAGE HAN-ERI

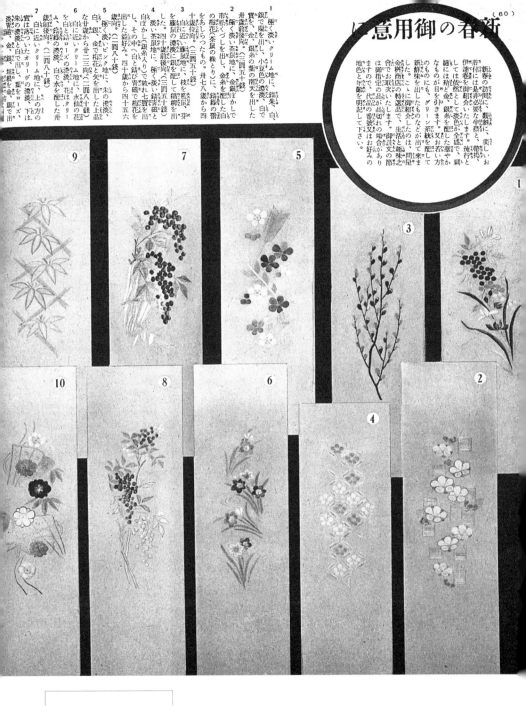

新春の御用意に

新春《しんしゆん》の訪問《はうもん》に、觀劇《くわんげき》に、美《うつく》しいお着付《きつけ》には是非必要《ぜひひつえう》な半襟《はんえり》と、帶揚《おびあげ》、伊達卷《だてまき》を御紹介《ごせうかい》いたします。流行《りうかう》としては依然《いぜん》として淡色《あはいろ》が全盛《ぜんせい》で、刺繍《ししう》には殆《ほとん》ど金《きん》、銀糸《ぎんし》を配《はい》した華《はな》やかなものが目《め》を引《ひ》きます。又《また》お若《わか》い方《かた》のものにも、グリーン系統《けいとう》を配《はい》して新鮮味《しんせんみ》を出《だ》したものなどが出《で》て來《き》ました。こゝに御紹介《ごせうかい》したのは、問屋《とんや》金桝商店《かねますしやうてん》の特選品《とくせんひん》で、生活《せいくわつ》と趣味之《しゆみの》會《くわい》でお取次《とりつぎ》いたします。御註文《ごちうもん》の節《せつ》は御指定《ごしてい》の品《しな》が品切《しなぎ》れの場合《ばあひ》がありますので、代品《だいひん》の番號《ばんがう》又《また》はお好《この》みの地色《ぢいろ》と年齡《ねんれい》を明記《めいき》して下《くだ》さい。

1 極《ご》く淡《あは》いクリーム地《ぢ》に、錆朱《さびしゆ》、白《しろ》、銀《ぎん》で霞を出《だ》し、小豆色《あづきいろ》の濃淡《のうたん》、白《しろ》で實《み》を、金《きん》、銀糸《ぎんし》の葉《は》の南天《なんてん》を出《だ》した卅歳前後向《さいぜんごむき》。(三圓五十錢)

2 極《ご》く淡《あは》い茶鼠地《ちやねずぢ》に、金銀《きんぎん》ぼかしで市松《いちまつ》くづしを出《だ》し、金糸《きんし》を配《はい》した白《しろ》の梅花《ばいくわ》(茶鼠の縁《ふち》とり)に、錆綠《さびろく》の蕾《つぼみ》をあしらつたもの。卅七八歳《さい》から四十歳位向《さいくらゐむき》。(三圓五十錢)

3 白《しろ》に近《ちか》い藤鼠地《ふぢねずぢ》に、枝《えだ》を藍鼠《あゐねず》、芽《め》を藤鼠《ふぢねず》の濃淡《のうたん》に銀《ぎん》を配《はい》して猫柳《ねこやなぎ》を出《だ》した。四十歳前後向《さいぜんごむき》。(三圓五十錢)

4 淡《あは》い茶鼠地《ちやねずぢ》に、極《ご》く淡《あは》い錆靑磁《さびせいじ》と白《しろ》ぼかし(銀糸入り)で破《やぶ》れ七寶《しつぱう》を出《だ》し、その中《なか》へ白《しろ》と錆《さ》び靑磁《せいじ》で梅花《ばいくわ》を出《だ》した澁好《しぶごの》み。四十歳《さい》から四十五六歳向《さいむき》。(二圓八十錢)

5 極《ご》く淡《あは》いピンク地《ぢ》に、朱《しゆ》の濃淡《のうたん》、白《しろ》、銀《ぎん》、金《きん》で梅花《ばいくわ》と矢《や》を出《だ》した上品《じやうひん》な廿歳《さい》から廿二三向《むき》。(二圓八十錢)

6 白《しろ》に近《ちか》いクリーム地《ぢ》に、水仙《すゐせん》の花《はな》を白《しろ》と錆《さび》ローズの濃淡《のうたん》、花《はな》はクリーム、錆綠《さびろく》の濃淡《のうたん》、白《しろ》で水《みづ》を配《はい》した卅歳前後向《さいぜんごむき》。(二圓八十錢)

7 白《しろ》に近《ちか》いクリーム地《ぢ》に、上《うへ》の方《はう》の實《み》は落《お》ちついたオリーヴの濃淡《のうたん》、下《した》は朱《しゆ》の濃淡《のうたん》と白《しろ》で出《だ》し、葉《は》をローズ、淡靑磁《うすせいじ》、金《きん》、銀《ぎん》、垣根《かきね》を金《きん》、銀《ぎん》で出《だ》

刺繍の半襟

『生活と趣味』昭和11年1月

パラソ
いの
パラソル

クリーム色黒縁取

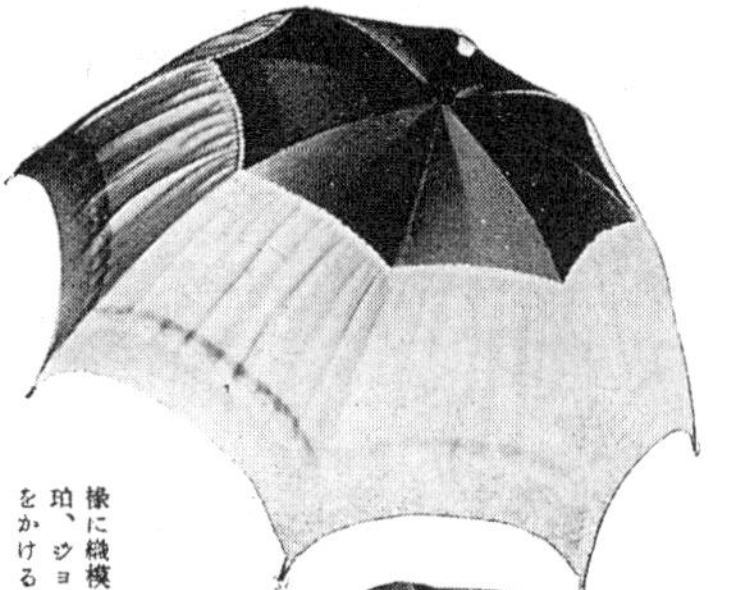

縁に織模様ある脂琥珀、ジョーゼットの白をかける

クリーム琥珀、黒レースふち取りレースでとめる

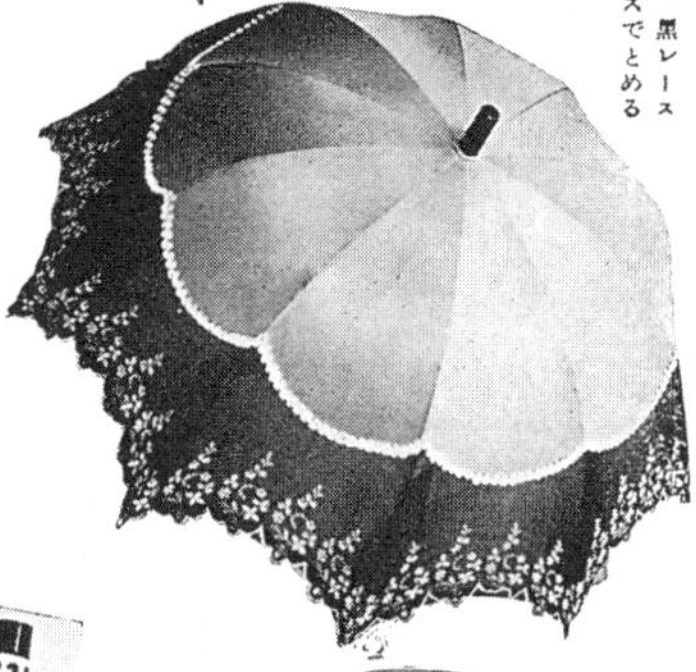

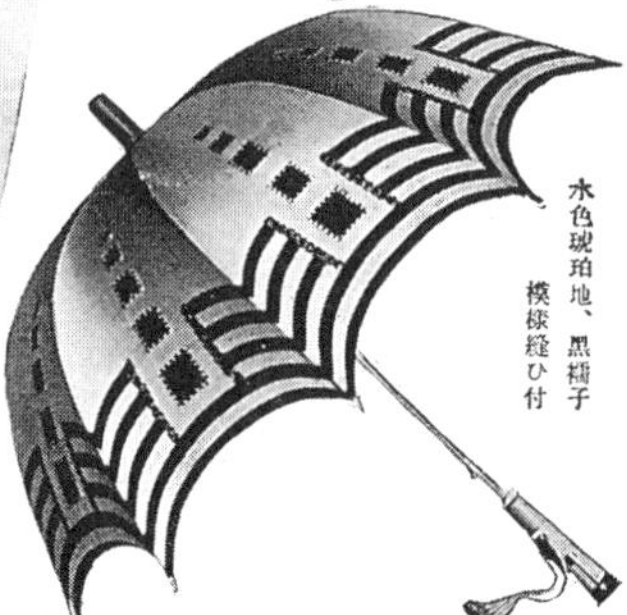

水色琥珀地、黒繻子模様縫ひ付

○パラソル　山にはかすみ、野には花、そして都の町々ば、乙女達の霞のやうな薄色のスカーフ、ピンク、水色、クリームと色とりどりのあざやかなパラソルにいろどられる頃になり黄ばんだオレンヂ等が喜ばれ、地質としては、琥珀、絽紗の變り織で、加材工料としてはレース、テープ、リボン、ジヨセット等が用ゐられてあります。又形は從來六間、乃至八間一体に短かくなり、取のあるものが喜ばれ、形に色彩をほどこしたもの、石付と手許が形の對のもの等あります。何役功も從來較についてたものが、元を通して價バンドにしたもの等

○日本傘　お花見時にふさわしい、はでゝにぎやかな、きれをかけた日本傘をお紹介しませう。いづれも下谷の佐藤おあききんの結ひ上げで、上がきれ兵球、下はきれ銀寄です。兵球しく又このお傘には、びん止、たぽ止を用ゐますと品が落ちますからなしに致します。又きれ銀寄の方は、之も又大變可愛らしく、春にふさわしい優しいお傘で、年にすれば十二三かみの花ぐりに、おかんざしにしたいものです。又其の左は、春先きにふさわしい、資盛堂の化粧水と香水です。

傘

ルの春

（粧の流行）

・日本髪化粧料

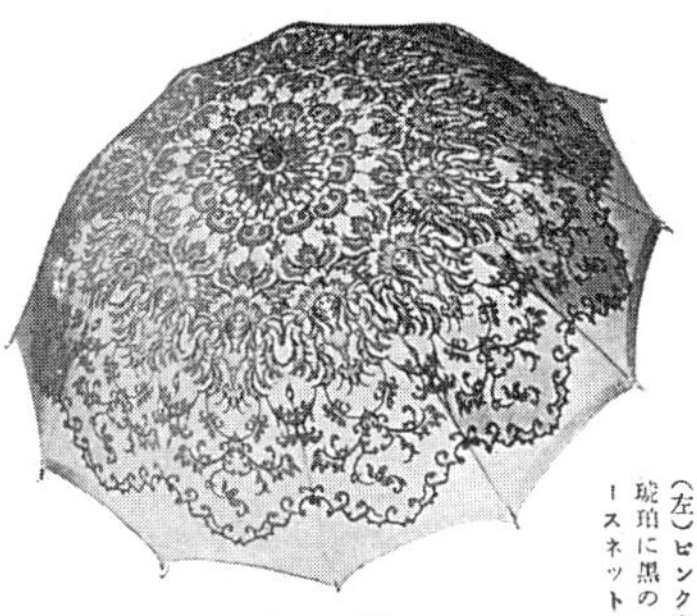

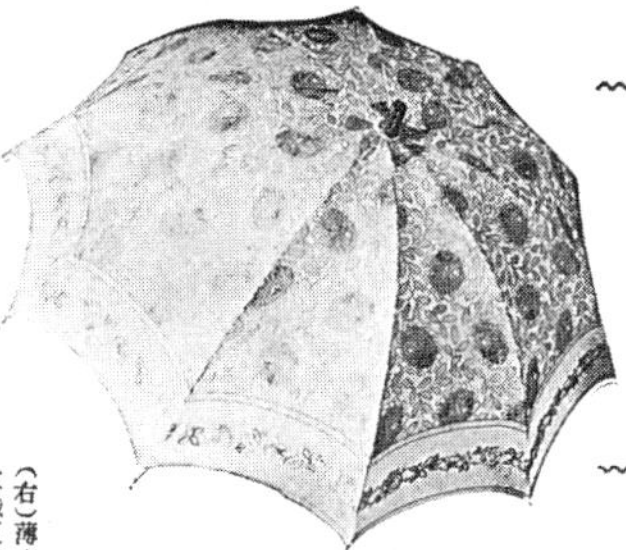

（右）薄水色地紋織更紗模様
（左）ピンク色琥珀に黒のレースネット

クリーム琥珀地刺繍入

水色琥珀白レース縁取

薄茶地琥珀黒純ふち取

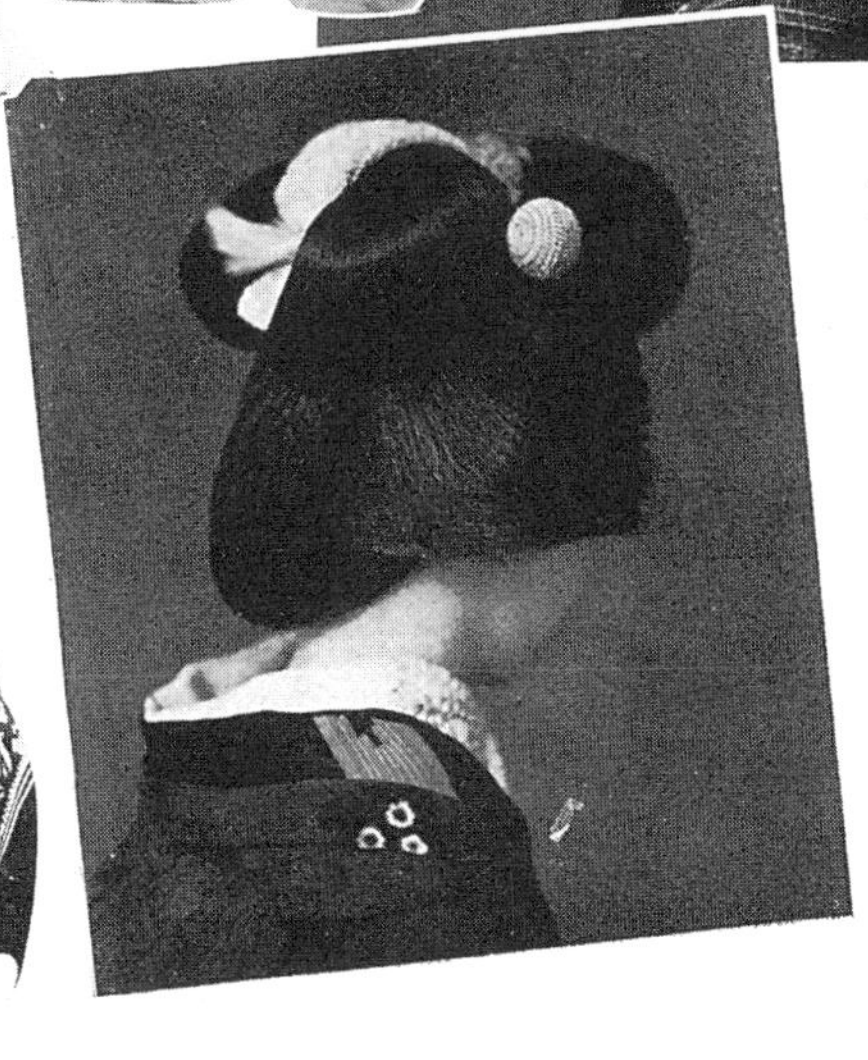

右頁二人立ち寫眞中右の婦人の持てるは白地に黒レースを掛けたパラソル。同左方はオレンヂ色錦紗を白のジョーゼットの様にひだをとりたるもので、スカーフはクリーム色ジョーゼットです

りました，今年の流行はどんなに變つて來てゐるでせうか。先づ地色は、奥様向の最高級品が、白、クリーム、黒等で、令嬢向のはでなものとしては、臙脂系のもの、ピンク、又はや
であつた骨數が、十二間から十六間に多くなり、從つて淺くなると同時に柄が短かくなり抱へて歩くのに便利になりました。之は洋装等にふさはしいでせう。向石付、手許も之につれ
裂に又新しいものとしては絹紐のもの等も出來ました。尚お値段は二十三圓から三十圓見當でこゝにあるのはいづれも銀座松屋與製店發賣。
は極く粋で又高尚なお髪で、若向には上の髪をやゝ大きく、年の行つた方にはやゝ小さめに致します。髷は、べつこうの耳かき、櫛はパラフの三日月形、又はべつこうの半襟等ふさは
ら十七八才位までにふさはしいでせう。この寫眞はきれはとき色の鹿の子、水色のくづ引て結んであります。が、お好みにより、水色、藤色等もよろしいでせう。又さし物は是非、つま

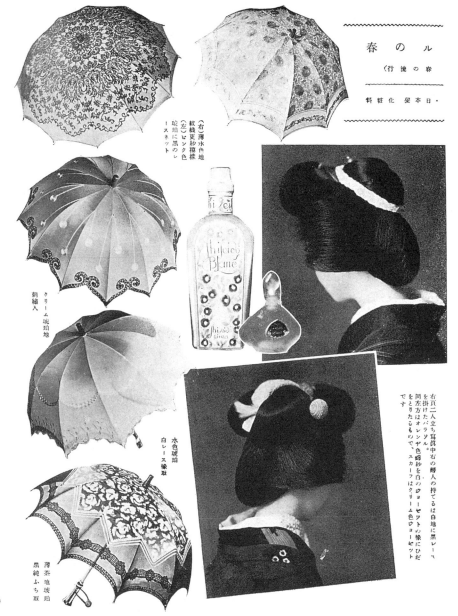

現代扇と繪日傘

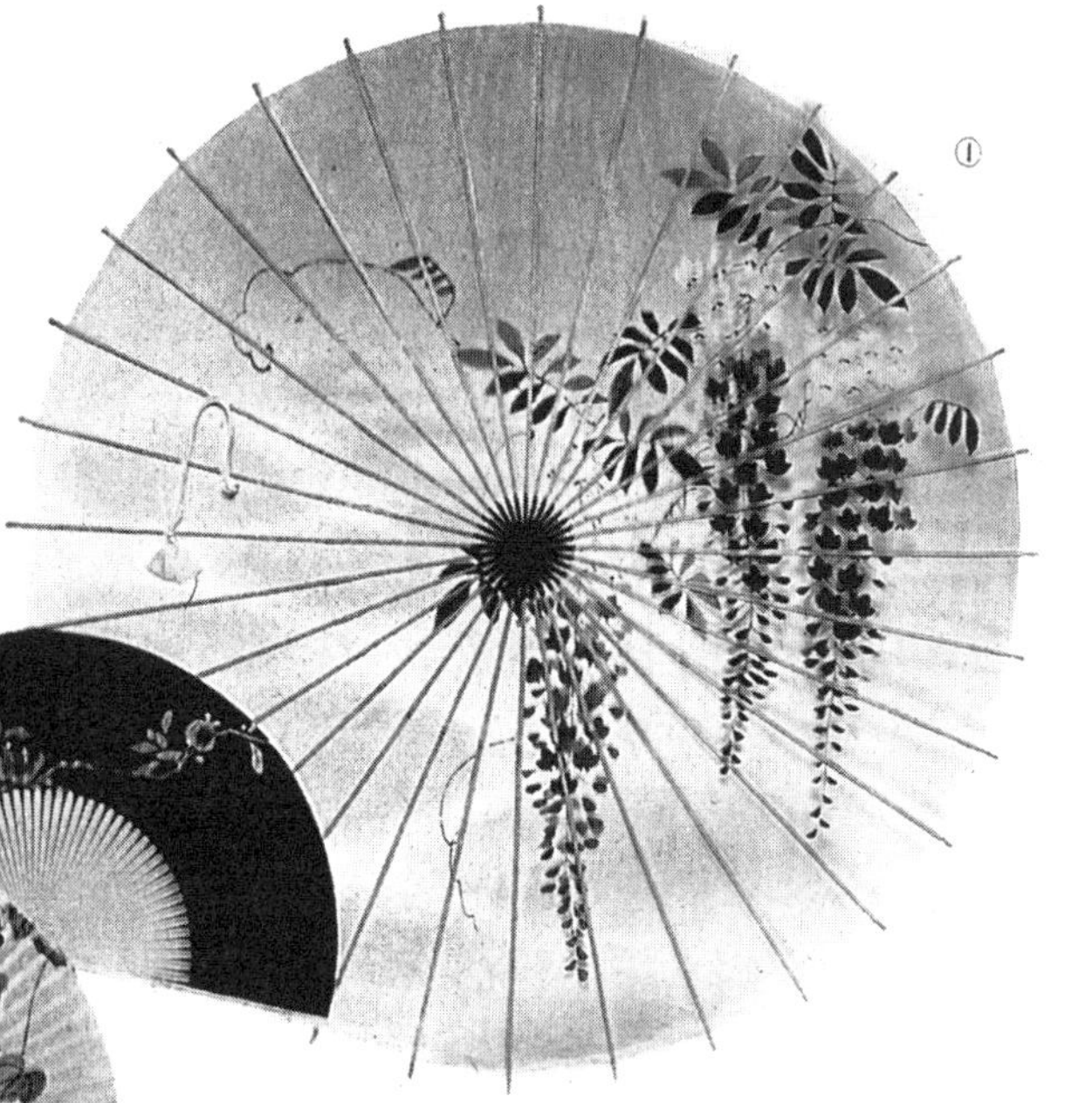

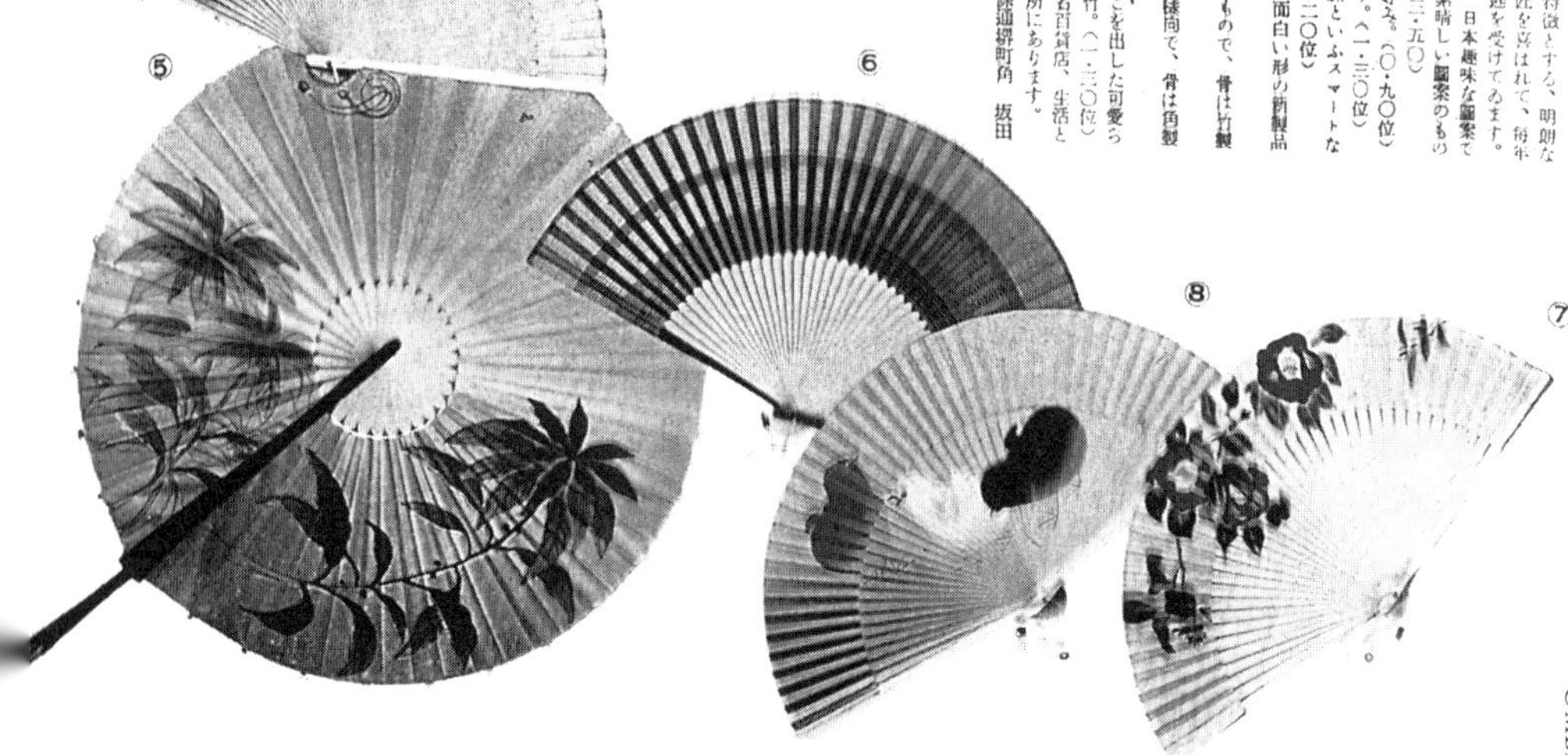

初夏の新装に、輝かしい色彩を添へる、繪日傘と現代扇。

現代扇は、その特徴とする、明朗な圖案と、新鮮な意匠を喜ばれて、毎年皆様から非常な歓迎を受けてゐます。

1 若い令嬢向の、日本趣味な圖案で白木屋製。この外素晴しい圖案のものが澤山あります。（三・五〇）

2 竹製のしぶい好み。（〇・九〇位）

3 骨は角と竹です。（一・三〇位）

4 銀色地に黒の蝶といふスマートなもの。骨は角。（一・二〇位）

5 日傘扇といふ、面白い形の新製品です。（一・三〇位）

6 男持のしやれたもので、骨は竹製です。（一・一〇位）

7 可愛らしいお嬢様向で、骨は角製です。（〇・九五位）

8 金ぼかしにひよこを出した可愛らしいもの。骨は角と竹。（一・三〇位）

現代扇は、全國有名百貨店、生活と趣味之會お買物相談所にあります。

發賣元は京都市五條通堺町角　坂田文助商店です

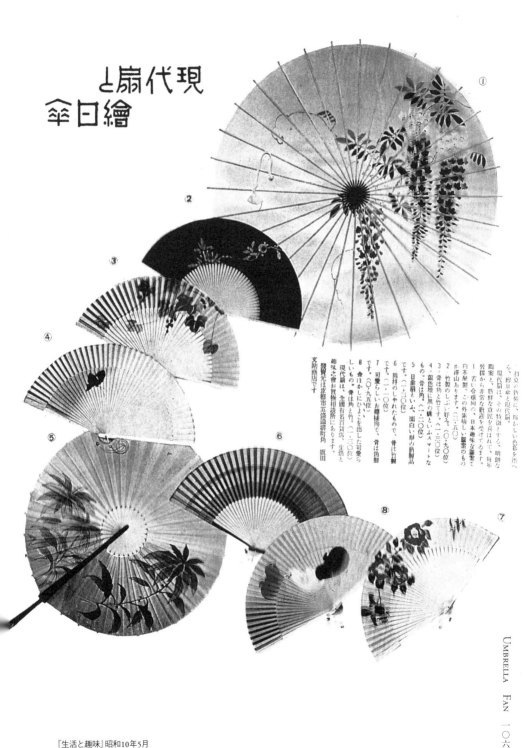

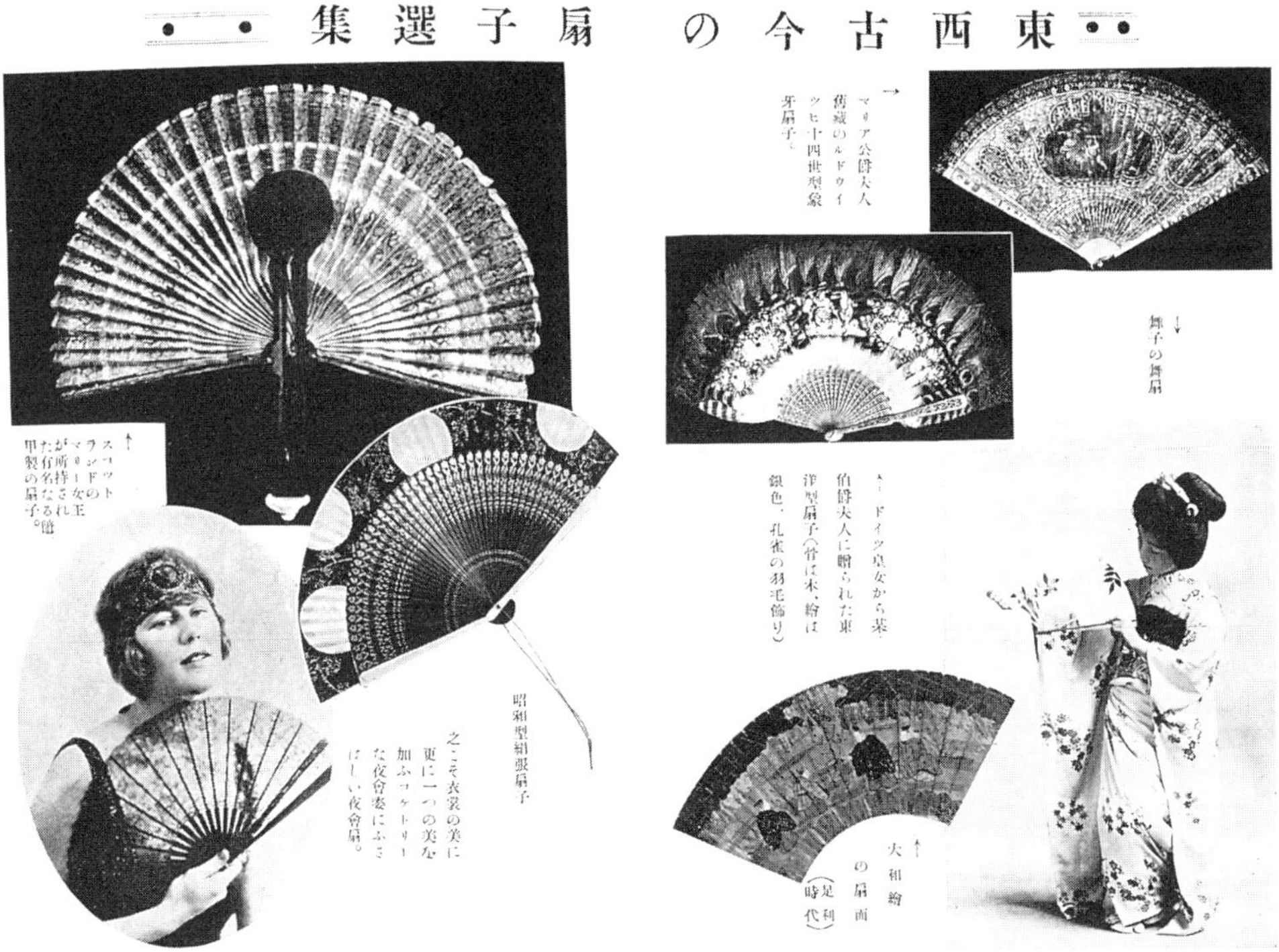

東西古今の扇子選集

→マリア公爵夫人蔵のルドウィッヒ十四世型象牙扇子。

↑スコットランドのマリー女王が所持された有名なる鼈甲製の扇子。

↓舞子の舞扇

←ドイツ皇女から某伯爵夫人に贈られた東洋型扇子（骨は木、絵は銀色、孔雀の羽毛飾り）

昭和型絹張扇子

之こそ衣裳の美に更に一つの美を加ふコケトリーな夜会姿にふさはしい夜会扇。

↑大和絵の扇面（足利時代）

『風俗雑誌』昭和5年7月

高畠華宵「月見ぐさ」
便箋表紙　ベニバラ社
大正末〜昭和初期

扇

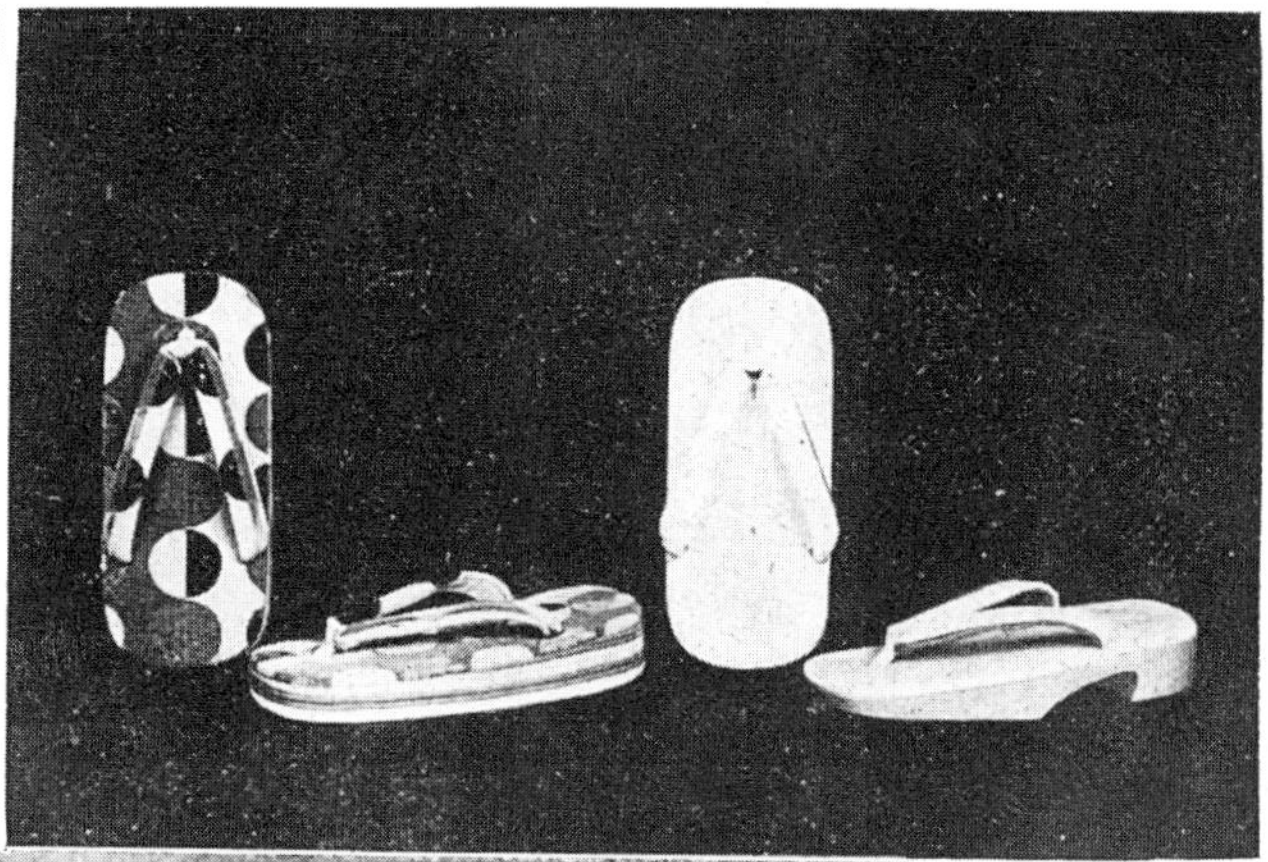

（右）南部表胡蝶型下駄（本天花緒付）（金四圓五十錢）
（上品向）踵ゴム付
（左）輪奈天水玉模樣重ねフエルト草履
二十二三歳向（金七圓八十錢）
訪問用　上品向

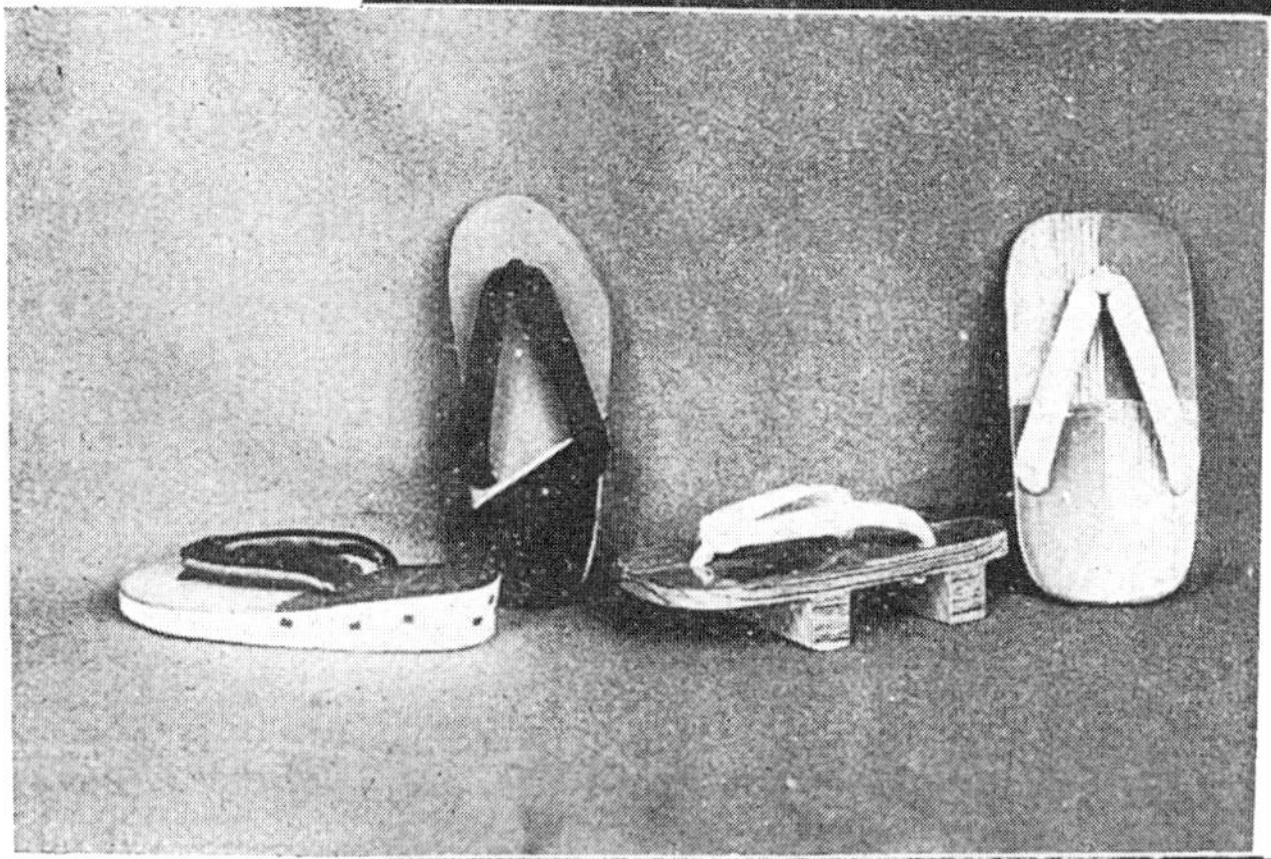

（右）張柾、漆塗市松模樣日光下駄
（夏用素足）（粋向）（金一圓五十錢）
（左）輪奈天表フエルト重ねダンス草履
モダン形足袋若くは靴のやうである（金六圓五十錢）

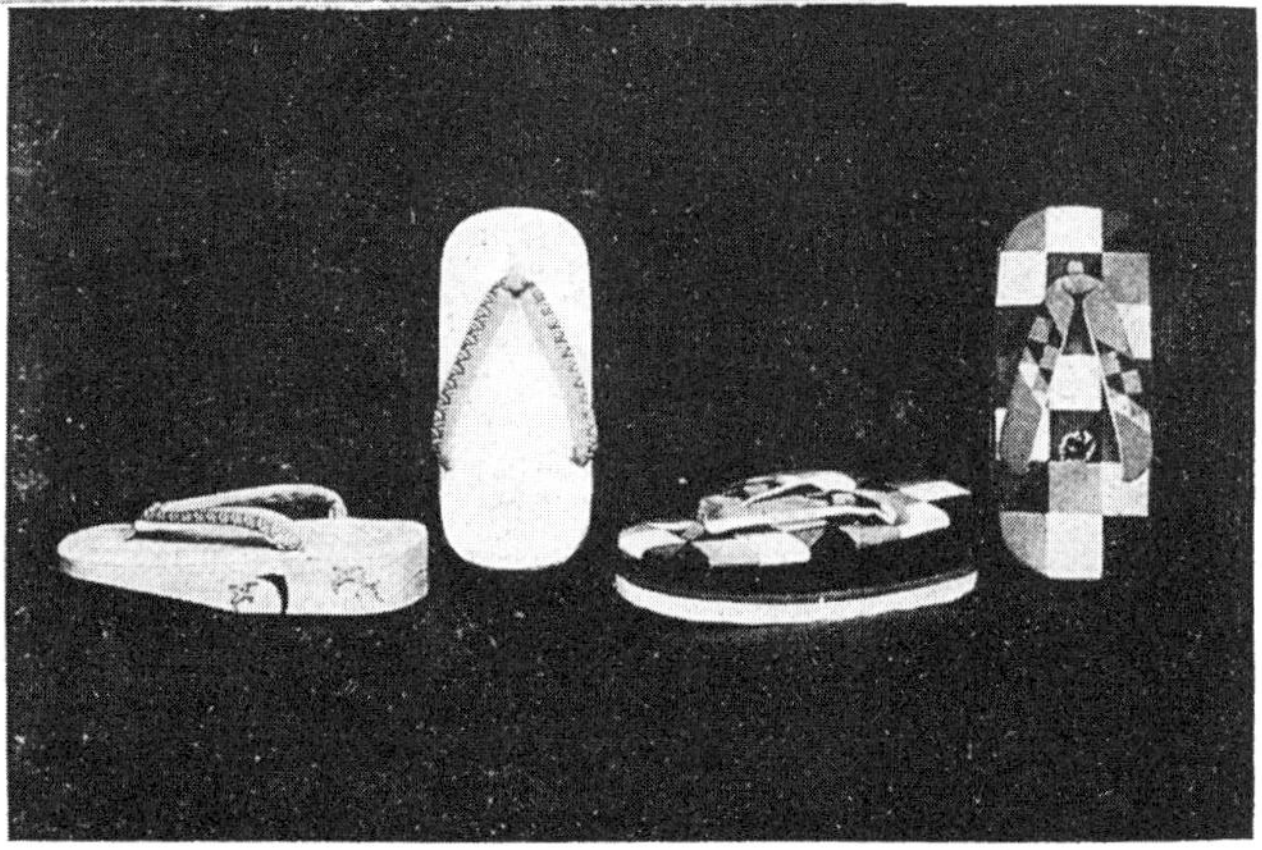

（右）輪奈天表キルク、フエルト重ね草履 變り市松模樣（二十歳前後）
（モダン向）（金十一圓也
（左）南部表縮入小町下駄
青海波模樣花緒に帆掛舟クリに千鳥を配す
粋で上品向（金九圓五十錢）
（訪問用）波に千鳥を利かせしもの

越

履き物

ショールのモード

冬《ふゆ》の服飾美《ふくしよくび》の一《ひと》つとして、ショールもなかなか重要な役目《やくめ》をもつてゐます。羽織《はおり》やコートとの調和《てうわ》は勿論《もちろん》ですが、顔《かほ》に似合《にあ》ふ色《いろ》、柄《がら》といふことも、近代人《きんだいじん》はデリケートな心持《こゝろもち》で選擇《せんたく》したいものです。

――銀座松屋調べ――

1 サテンクレープ地《ぢ》に、刺繍《ししう》でバラを出《だ》した廿三四歳《さい》から廿七八歳《さい》向《むき》まで各種《かくしゆ》。（廿八圓五十錢）

2 フランス製《せい》、マテンカレヨナント地《ぢ》で、廿歳《さい》から廿四五歳向《さいむき》まで各種《かくしゆ》。（卅八圓五十錢）

3 ラクダ地《ぢ》の格子縞《かうしじま》。廿二三歳《さい》から廿七八歳向《さいむき》まで各種《かくしゆ》。（十三圓五十錢）

4 ジョーゼット地《ぢ》に山繭《やままゆ》の紋織出《もんおりだ》しで、廿歳《さい》から卅歳位向《さいぐらゐむき》まで各種《かくしゆ》。（十二圓）

5 紋《もん》デシン地《ぢ》テンコールの織出《おりだ》し模樣《もやう》。十八九歳《さい》から廿八歳位向《さいぐらゐむき》まで各種《かくしゆ》。（十一圓五十錢）

6 風通紋織出《ふうつうもんおりだ》しで、廿歳《さい》から廿七八歳位向《さいぐらゐむき》まで各種《かくしゆ》。（裏なしは九圓八十錢。裏付十一圓三十錢）

7・8はジョーゼット地《ぢ》マテンカ艶消《つやけ》し人絹《じんけん》で、十七八歳《さい》から卅三四歳向《さいむき》まで各種《かくしゆ》。（十八圓五十錢）

ショール

着物にまつわる遠い日の記憶

古賀三枝子

銘仙を着ていた女学生

　私がフェリス女学院に入学したとき、上級生は紺のサージのセーラー服を着ていて、一年生は制服でも着物と袴スタイルでも自由でした。私は子供のときから洋服で育ち、当時は華宵先生の描く袴スタイルの女学生に憧れていたので、銘仙の黒地に赤の矢絣の着物で、髪は三つ編みに紫のリボンをつけて靴は黒でした。姉に聞いたら制服は関東大震災の翌年、大正一三年（一九二四）頃から徐々に着始めたようです。

　セーラー服になってからも、学校から帰ると中流の家の娘は、たいてい家では銘仙の着物を着ていました。私はお転婆でしたからその反対で、家に帰ると洋服でした。加藤まさを先生は当時の女学生の様子をしっかり描いていますよ。先生には女学生のガールフレンドがたくさんいたので、お描きになる少女は現実の生活を反映してほとんど銘仙を着ていますよね。そこにいくと華宵先生の絵は現実とかかわりのない、先生の頭の中にだけ存在する夢の国って感じで、素材は錦紗か縮緬の華麗な着物を着て、体の線にそって流れるように描いてあるでしょ。

忘れられない半襟

　フェリスのバザーのときにいらしたお友達のお姉さんのスタイルは忘れられないわ。その方は山手の紅蘭女学校に通っていたのですけど、おしゃれな方で半襟が片側黒で片側黄色、着物は淡いグレイの錦紗で薔薇の花模様だったの。海老茶の袴を穿いて、黒いヒールの靴を履いていたの。当時、黒い半襟など珍しかったし、モダンで素敵だったので今でも覚えています。

昭和40年頃、訪問着姿の古賀三枝子。

高畠華宵「月夜のおどり」便箋表紙
ベニバラ社　昭和初期

こが・みえこ　大正4年（1915）横浜市生まれ。生糸貿易商の父親が高畠華宵の兄・亀太郎氏の製糸工場と長い取引があったことから、フェリス女学院在学中に華宵に初めて出会う。以来、鎌倉の華宵の家をたびたび訪ね、交流を深めた。古賀氏は、女性を寄せつけなかった華宵がアトリエに出入りを許した唯一の女性である。元・弥生美術館館長。

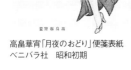

華宵の絵のような女性たち

華宵先生って、たまに和洋折衷な着物のおもしろい絵をお描きになるわね。私の家は横浜・本牧の三渓園のそばだったんですけど、その本牧に近い小港の海岸近くに通称チャブ屋っていう、外人相手の洋館の娼家街があったの。そこの人が似たような格好をしていたのよ。もっとも華宵先生はそんなところご存じないけど。

夏など、海岸の桟橋に椅子を出して外人と彼女たちが涼んでいるのを見かけたのよ。紗のような透ける着物の下にレースの膝丈のスリップを着て、帯は兵児帯《へこ》、長い袖（六〇～七〇センチくらい）、髪はオカッパで細いフェルトのダンス用の草履を履いているの。洋服の人はイヴニングドレスにハイヒールよ。芸者さんなら三味線を弾くところ彼女たちはピアノを弾いて客とダンスを踊るのよ。エキゾティックで、子供心に素敵に見えました。

御召しで作ったもんぺ

戦争が烈しくなってきてからは、「もんぺを着なさい」ってうるさく言われましたよ。私はいつも洋服だったから、駅前で国防婦人会の人たちから、「贅沢はやめましょう。もんぺを着ましょう」っていうカードを渡されていました。

それでももんぺは嫌だけど、着なければならないなら思い切っていいものでつくって着ればなじめるかもしれないと思って、一番好きだった御召しの着物をもんぺに仕立て直してもらったの。ダークグレイにワインレッドの縞、それに白い線が少し入っていたわ。こんなに戦争がひどくなっては、この先着ることなどないかもしれないと思ったの。そしたら案外すっきりとして似合ったもので、気に入っちゃったのよ。御召しはスベリがよくて、しゃきっとして着心地がいいのよ。

それを着て、ある日用事があって相模線の電車に乗っていたら、きれいな奥様が乗っていらしたのよ。その方のもんぺは黒い綸子に紋が浮き出ているとても品のよいものだったの。ようく見たら吾妻徳穂さんだったのよ。この方は十六代市村羽左衛門のお嬢さんで踊りのほうでは有名な方よ。

つい声をかけて「素敵なもんぺですね」って申し上げたら、「あなたも素敵じゃない」って言われたの。とてもうれしかったわ。

着物の色気

今の若い人の中には、まるで露出狂みたいな格好の人がいるけど、ちっとも色っぽく見えないわね。最初から見せてしまえばそれきりですもの。昔の着物の女性は、襟の奥にチラッと襦袢の緋色を見せたりして、引き込まれるような色気がありました。ぞくっとさせるようなエロティシズムね。そういう点、昔の人は隅におけないと思うのよ。（平成十六年十月談）

着物と私

遠藤寛子

私の着物の思い出は、伊勢松阪の町に始まる。私のもの心ついた昭和一〇年代の初め、松阪のような地方都市でも、子どものふだん着は洋服になっていたが、母は好んで私たちに和服を着せ、その中でももすりん（メリンス）を愛した。戦前のもすりん染めの技術は、とくにすぐれていたと思う。私が幼稚園の秋に作ってもらった単衣は、淡い色で秋草を一面に散らし、絹の友禅のように優美だった。

　幾晩か夜なべして縫いあげた母が、私にそれを着せながら、「母さんが小学生のとき、東京から転校してきた桜井さんもこんなのを着ていたのだよ」と語った思い出——桜井さんは母の育った東北・米沢の町に明治の末に創立された官立の高等工業（現・山形大学工学部）教授のお嬢さんだった。彼女が着てきた元禄袖のもすりんの単衣は、質実を以って鳴る上杉藩旧家中《かちゅう》（藩士）の伝統で、通学服は木綿の筒袖、祝日の式服さえ木綿の紋付の校風の中で学んだ母に強いカルチュアショックを与えた。母のもすりん好きはこのときに始まった。

　長姉のために作った夏祭の長いたもとの単衣も、絽織のもすりんだった。淡いクリーム地に波頭を染め出したものだが、絽もすりんはかなり珍しいものらしい。近年お話をうかがったきものの研究家もご存知なかった。

　松阪の町にはその頃まだ江戸時代の面影がかなり残っていた。町には「宮川」「大藤《だいとう》」という二つの大きな呉服店があったが、わが家に入っていたのは「宮川」だった。

　わが家の担当は謙さんという青年で、和服をきちんと着て、月に何回か反物を

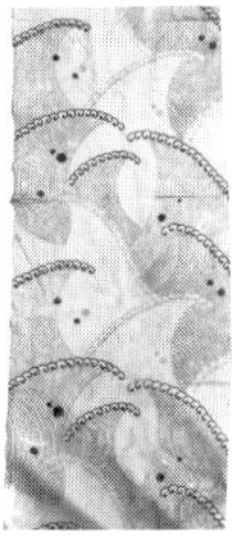

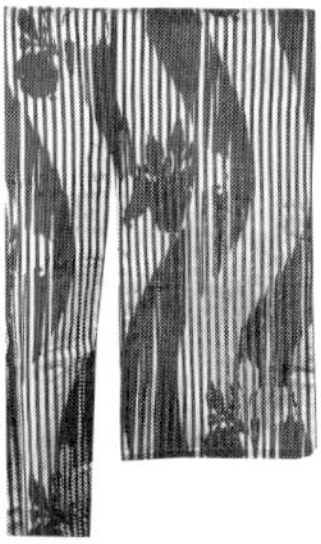

右　絽もすりんの布・淡いクリーム地に波頭を染め出したもの。絽のもすりんは大変に珍しい。遠藤寛子氏蔵
中　初夏向きの着物
縞に菖蒲の文様。色は白と臙脂。白の部分が紗織、臙脂の部分が繻子織という複雑なつくり。遠藤寛子氏蔵
左　福寿草文様の銘仙
花は大きく描かれ色は黄色に葉が緑、地は赤と青の太い縞に黄の細筋。いかにも昭和初期の銘仙らしい大変に大胆な文様と色づかい。足利銘仙変り織。遠藤寛子氏蔵

えんどう・ひろこ
昭和6年（1931）三重県生まれ。三重大学を経て法政大学史学科卒業。教職についた後、創作、評論活動に専念。創作に『深い雪のなかで』（北川千代賞）、『算法少女』（サンケイ児童出版文化賞）、評論に『少女小説名作集・解説』（少年小説大系24、25）、『「少女の友」とその時代——編集者の勇気　内山基』などがある。日本児童文学会、日本英学史学会会員。

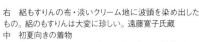

もってきた。明荷《あけに》から反物を出すと、畳の上にさらさらと広げ、しまうときは両手で反物をはさんでくるくると、あっという間。まるで天勝《てんかつ》の手品のようだと感心したものだった。私たちは「謙さん」と呼んでいたので、どの地位だったか私は知らないが、店員の名の呼び方も、地位によって最初の字の下に七、吉、助などがつく昔風だったという。

　呉服の買い物は謙さんが届けてきたが、たまに母が私たちをつれて「宮川」に行くことがあった。店の作りはいまも京都の老舗などに残っているが、戸をあけると右側に通り庭という土間が奥へつづき、左手は広い畳敷でその向こうは反物を置く棚になっていた。

　店には店員たちが何人も働いていたが、彼らは私たちを見ても愛想一ついわない。謙さんがいないと、奥へ向かって「謙さーん」と呼ぶだけだった。あれはお互いの担当客はとり合わないという姿勢をあらわすものだったのか。

　やがてわが家は父の勤めの関係で北九州に移った。今度の出入りの呉服屋も「宮川」同様京呉服を主に扱う店だと聞いた。まもなく戦時体制が色濃くなり、町には近く衣料切符制が実施されるという噂が流れた。一人一年百点の切符分の衣料しか買えない制度で、高級な絹織物などは一反で百点近いから、あとは何も買えなくなるわけ。商売がなりたたなくなる。呉服屋さんからはこれが最後の大商いと、せっせと反物類が届けられた。

　戦中戦後、辛うじて疎開させたこれらの反物は食料に姿を変えたり、超インフレ時の家計の足しになったりしたが、それでも戦後の物資不足時代に結婚した姉たちの和服の支度をどうやらまかなえた。

　そして今、なお私の手許に残る当時の着物類を、弥生美術館の中村学芸員にお見せしたら、その精巧で現代的な意匠に驚かれたが、たとえば、臙脂と白で繻子《しゅす》と紗の縞模様を織り出した中に、あやめを浮き上がらせた初夏向きの一枚。華やかに精緻である。また端切れで残った布地は銘仙の変り織か、白地に赤・黄・緑・青、黒等の色系で、洋花を織り出したもの。どのようにして織りあげたのだろう。これは端に「近仁特製」の文字や足利税務署の検印があったのをたよりに足利市に問い合わせたところ、足利織維協同組合から丁寧な御返事を頂いた。「近仁」は「こんに」とよみ、戦前盛業の織元と、種々御調査のうえわかった由。足利にはこの伝統が今日も息づいているらしい。

　その他時代を物語る一枚は、染、織、縫、紋の技術は見事だが、模様は若向きなのに裾だけ。金糸の縫もほんの少しという訪問着。ぜいたく禁止令の結果である。

　いま、若い人の間に着物への関心が高いという。結構なことである。何といっても私たちの最高の文化遺産の一つだから。

髪型

大正末から昭和初期という時代は、
旧来の文化と西洋の文化が渾然と交じり合っていたため　髪型の種類も多かった。
日本髪・洋風髷・三つ編みに断髪（ボブ）……
洋服に日本髪は合わないが　着物にならボブも似合う。
髪飾りも洋服のときより多様なので　着物を着るとおしゃれの幅が広がる。

花かざり

「造花も髪に飾りましたが、
生の花をピンでつけることもありましたよ。
小さなダンスホールを持っている家もありましたからね……
お客さんがいらして、ちょっとダンスをするときなんか、
庭から薔薇を切って髪に挿して踊ると、いい香りがするのよ。
ロマンチックな時代だったわね。
今は皆忙しいから、そんなことして楽しむ暇がないのね」（古賀／談）

『婦人倶楽部』昭和9年1月

蕗谷虹児「（仮題）猫」
雑誌口絵
大正末〜昭和初期

洋髪《ようはつ》

明治一八年「婦人束髪会を起こす趣旨」が宣言された。それまでの日本髪は衛生的にも経済的にも問題があるとの考え方から起きた運動で、以後束髪は急速に普及した。当初、和風には「くし巻」「おぼこ」「じれった」等が、洋風には「西洋巻上げ」「英吉利結び」等があったが、しだいに和風洋風の区別がなくなり、着物にも洋服にも似合う髪型として喜ばれた。

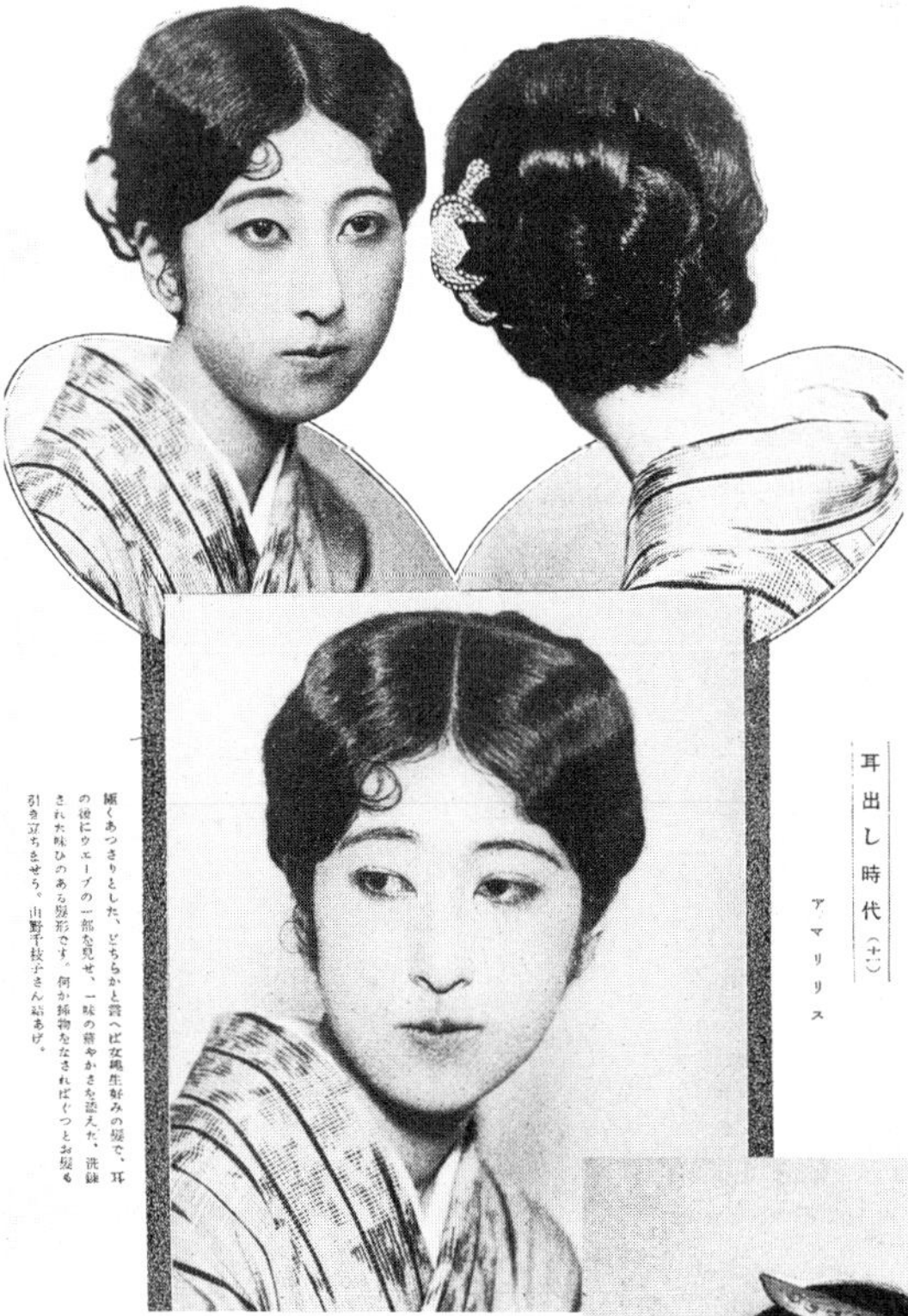

『婦人画報』昭和4年9月

高畠華宵『婦人世界』口絵
大正末〜昭和初期

おさげ

少女の髪型。明治末から、少女の間では三つ編みにリボンを飾ることが流行った。大正期にはカチューシャも流行った。

須藤しげる「野菊に添えて」『少女世界』昭和5年
三尺帯を締めた15〜16歳の少女。

『婦人画報』大正15年2月

ボブ・断髪

第一次世界大戦後に欧米で始まった髪型。
大正末から日本でも見られるようになった。
しかし「長い髪は女の命」とする日本人の考えに
逆らうようなこの髪型は、
当初、強い抵抗感と非難をもって迎えられた。
毛断嬢、毛断蛙と書いてモダン・ガールと読むこともあった。
高畠華宵は、やや長めのウェーブしたボブが好みで、よく描いた。

須藤しげる　出典不明　大正末〜昭和初期

高畠華宵「花束」便箋表紙
ベニバラ社　昭和初期

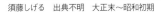

日本髪　にほんがみ

昭和になってからも、まだ日本髪に結う人はけっこういたようだ。
日本髪にも「丸髷」「桃割れ」「島田」等の種類がある。
「島田」は、未婚女性、花嫁、芸者の髪型。
「丸髷」は、既婚者の髪型。

『婦人画報』昭和2年22月　右が高島田。左が丸髷。

高畠華宵「初島田」
便箋表紙　昭和初期

櫛・笄《くし・こうがい》

笄とは、髪の束を巻きつける道具であるが、
もともとは髪掻《か》きであったという説もある。
古代、男子は皆、烏帽子《えぼし》を被っていたので、
熱気がこもり頭が痒くなる。
そのとき頭を掻くのに使った「かみかき」が転じて
「こうがい」になったというのである。

右上／アール・ヌーヴォー風の鶴文様　左上／薔薇文様
真ん中／百合文様　右下／扇と花文様　左下／孔雀羽文様

櫛《くし》

櫛はもともと髪を梳《す》くためのものだったが、江戸時代に結髪がさかんになるにつれ、装飾が主要な目的になった。大正～昭和初期のものは蒔絵《まきえ》・螺鈿《らでん》・彫金《ちょうきん》等の技法を駆使し、花や蝶の文様を大きく見せ、華やかなものが多い。

右上／鈴蘭文様　左上／菊文様の透かし彫り
中の段右／葡萄の葉文様　中の段上／菊文様　中の段左／紅葉文様
右下／真珠の縁取り　左下／蝶文様

高畠華宵「姉妹」
便箋表紙　昭和初期

洋髪用簪《ようはつようかんざし》

洋髪用の簪には
アール・ヌーヴォー調、アール・デコ調のデザインが多い。
大正期になると、従来からの金属や鼈甲《べっこう》に加え、
セルロイドやゴムも素材として使われるようになった。

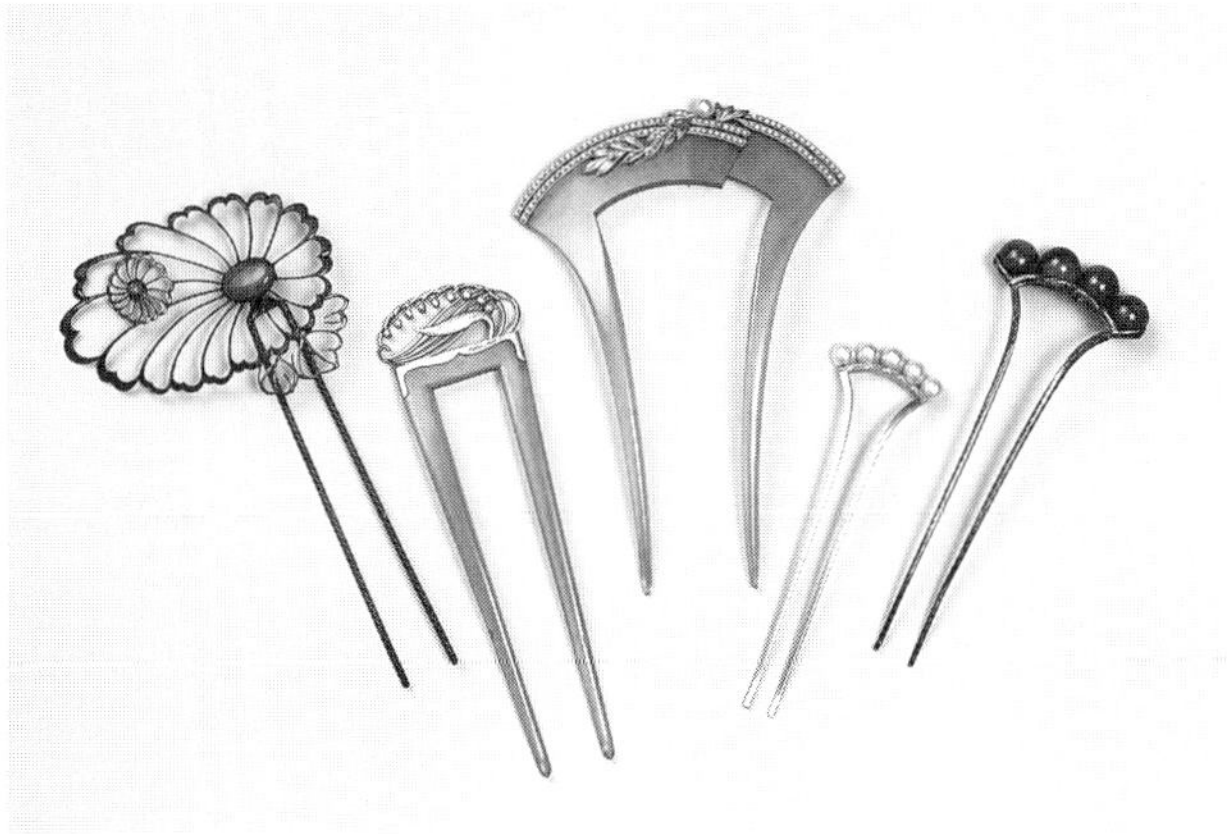

右より／翡翠の玉、真珠、
鼈甲に真珠のアール・デコ調、
鼈甲に真珠鈴蘭文様、
金属と緑の石菊文様

高畠華宵　便箋表紙
大正末～昭和初期

帯留め

おびどめ

大正末から昭和初期頃の帯留めは総じて現代のものより大きく派手だった。鼈甲・翡翠《ひすい》・珊瑚《さんご》・水晶等を使った華麗なものもある。

帯留め　大正末～昭和初期
右上／菊文様　中上／真珠をくわえた獅子　左上／桜
中の段左／扇面型すすきと鶴文様　右下／金属に紫の石　左下／矢に貫かれた悪魔の顔

高畠華宵　便箋表紙
大正末～昭和初期

着物の着こなしについて

高畠華宵が新聞に寄せたコメント

（前略）それだけ時代も変わったと思う。それで自分がやっていた時は髪を少し縮らせると直ぐこれを美容師が流行に取り入れ亦着物の柄でも少し変わった模様を試みるとそれをデパートが利用してその次の流行にするという風であった。竹久夢二さんもそんな風に指導的なところがあって大いに騒がれたものと思う。これが最近の挿絵は逆に画家がまずデパートへ行って流行の柄を写して来てそれを画にするというわけで昔とは全然やり方が違っている。

時に近頃は皆のスタイルがとてもよくなって来たのには驚くほどである。以前は洋装を見ても毛唐には及ばないと感じていたが今では見ていてすばらしく似合っている女が多く、この点は服、化粧とも上手になった。然し今は何処へ行っても同じような型で特徴のある女性風俗などは余り見られぬ。娘さん達がこの頃着ている着物の柄は強い原色を用いたものが多く恰も玩具箱を引っくり返したような感じだがこれは指導者がない為めで女性のために可哀そうだ。例えばデパートへ着物を誂えに行っても帯は帯、着物は着物と別々にあればいい、これはいいと選別して買うがさてこれを仕上げる時に何うすれば着物と帯の柄や色彩が調和するかを知らないのである。それではいけないと思う。これはやはり挿絵で実際に示してやる指導的の舞台が必要となって来るのである。（後略）

（『南予時事新聞』「華宵美人の華宵画伯語る　私の女にモデルはない」一九三八年一一月一一日付より抜粋）

（前略）「流行はつくられる」が華宵もよく流行をつくった。

当時のことだから意識してではなく「華宵の女」の身につけたものが、自然に流行していったケースが多いが、意識してつくったこともある。女性のきものが色彩的に行き詰まったことがあった。華宵はこのとき、あるグラビアで若い女性に黒色の帯を結ばせた。ブームになったそうだ。「華宵の女」はいつも同じ顔、同じ表情だがきものだけはいつもちがっていた。流行作家だった彼。「華宵時代」に描いた女性は数知れないほど多いが、二度と同じ柄のきものは着せなかった。華宵には絵を描くことが楽しくてしかたがなかった。（後略）

（『新愛媛』「南予の群像六　高畠華宵　人気さらったさし絵　着物の流行にも一役」一九六五年七月二四日付より抜粋）

着物の着こなしについて

竹久夢二が雑誌に寄せたコメント

1

1
丸髷の人は珍らしい。縞の羽織に縞の着物もこの人らしくてよろしいが、この肩掛はまたもっさりし過ぎます。左の人の紬らしい飛縞の着物にこの見掛はおちついています。右の人の裾さばきは美しいとは言えません。長襦袢の鹿子絞は賛成ですが、身一杯に着物の前を合せすぎて前褄をすこし上げることを忘れた所に、この美しくない裾さばきの原因があります。所がこのデコデコのショールがこの人の顔にスペイン風な調和をしているのは不思議です。それにしても手の置きどころ、すべてこれはショールを掻合せるためにこうなるのですね。この頃街を歩く人みんなこの手です。

大正婦人風俗誌上合評会『婦人グラフ』大正15年2月
竹久夢二が斎藤佳三や林きむ子らと、道行く婦人の着物の着こなしを批評した頁。
竹久夢二のコメントだけをひろって一部紹介する。

3

2

2
この人もショールを押えるためにのみ手が用いられています。路が悪いからこの下駄というわけどうもしかしこの和服の外套は日本の女性を美しく見せませんね。色はともかく線が乱れます。色彩の上からはいっそ足袋も高価な色物にこの人ならして御覧になつはいかがでしょう。

3
野茨だか山茶花だの羽織の花模様とこの人の唇とがうまく調和しています。白いショールもなかなか好い。キモノも対にしてほしかった。後の人は対のキモノだが半襟を無地にしたかった。ショールもまずよろしい。沢山買物をしましたね。さてこう買物を抱えて見るを包装紙の図案が街をゆく人の装飾的効果にいろんな影響を与えることに気がつきます。風呂敷包を持って歩くのがいやだというこの頃の若い女性にとっては、とりわけて。

あとがき

私はアンティーク着物のファンですが、戦後生まれなので着物についての深い知識をもっているわけではありません。そんな私がこの本を編むにあたっては、私と同様、にわかに着物の魅力にとりつかれ始めた女性が抱くであろう興味や疑問に応える内容であることを心がけました。

着物についての初歩的なことさえ知らずにこの本にとりかかった無謀な私にさまざまな教示を与えてくださった児童文学者の遠藤寛子氏、アンティークキモノ店「Ponia-pon」の大野らふ氏、元・弥生美術館館長の古賀三枝子、母、そしてこんな楽しい仕事の機会を与えてくださった編集者の村松恭子氏に、この場を借りて感謝の気持ちを伝えたいと思います。ありがとうございました。

また、ハクビ総合学院学長の安西千恵子氏の講義には教えられるところが多く、さらに竹久夢二に関しては、竹久夢二美術館学芸員の石川桂子と谷口朋子に負うところが大きかったことを、記しておきます。

中村圭子

協力者・敬称略

加藤まさを事務所・アトリエそうび

遠藤寛子　中芝直緒子　大野らふ　堀江あき子　足利織維協同組合　村澤博人　古賀和子　谷口信子　高橋佑子　林利根　蕗谷龍夫　日向一郎

参考文献

『きものがたり・今昔』近藤富枝　講談社　1991年

『骨董をたのしむ34　明治・大正・昭和　昔きものを楽しむ　そのII』編集／高橋洋二・花林舎・瀬崎るみ子・加藤しのぶ・宮川慶子・蜂須賀早苗　平凡社　2000年

『きもの文様図鑑』(美しいキモノ205号付録)監修／木村孝　アシェット婦人画報社　2003年

『図説　東京流行生活』新田太郎・田中裕二・小山周子　河出書房新社　2003年

『蕗谷虹児展　少女達の夢と憧れ』(新潟県立近代美術館展覧会カタログ)　編集／新潟県立近代美術館　小西珠緒・宮下東子　2004年

「「銘仙」その誕生と歴史」大野らふ(『ソデカガミ　銘仙着物コレクション』通崎睦美　PHP研究所　2004年に収録)

『「月の沙漠」をつくった詩人・抒情画家「加藤まさを」展　解説書』編集／内田静枝　弥生美術館　2000年

『挿絵画家が描いた魅惑のファッション展　解説書』編集／内田静枝　弥生美術館　2002年

『竹久夢二　大正モダン・デザインブック』編者／石川桂子・谷口朋子　河出書房新社　2003年

『高畠華宵　大正・昭和レトロビューティー』編者／松本品子　河出書房新社　2004年

「アール・デコ紋様にみる日本の紋様の影響」金京姫(筑波大学大学院博士課程芸術学研究科『芸術学研究第7号』編集委員／中山典夫・鵜沢隆・玉川信一　筑波大学大学院博士課程芸術学研究科・人間総合科学研究科　2003年に収録)

『日本デザイン史』監修／竹原あき子・森山明子　美術出版社　2003年

「ジャポニズムと日本のアール・ヌーボー＝アール・デコ」日向あき子(『アール・ヌーボー／アール・デコ第3集』読売新聞社　1988年に収録)

『ヨーロッパの文様辞典』早坂優子　視覚デザイン研究所編　2000年

『別冊太陽　生活をたのしむ　4　昔きもののレッスン十二か月』監修／弓岡勝美　平凡社　2003年

『和裁―基礎と仕立方―〈改訂新版〉』講談社　1969年

『大正のきもの』責任編集／近藤富枝　財団法人民族衣裳文化普及協会　1980年

『近藤富枝のきもの優遊』近藤富枝　講談社　1998年

本書に掲載した図版で著作権が不明のものがあります。
著作権が存在するものについて、著作権者をご存じの方がおられましたら、編集部までご連絡ください。

弥生美術館・竹久夢二美術館

　弥生美術館は昭和59年（1984）、竹久夢二美術館は平成2年（1990）に開館しました。二館は渡り廊下で接続しており、入り口は一か所です。
　弥生美術館は、高畠華宵をはじめとする大正末から昭和30年代までの挿絵画家の作品を、竹久夢二美術館は、夢二が〈大正浪漫〉と呼ばれる時代のイメージをつくった美人画やデザインの作品を展示しています。3か月ごとに年4回の企画展を開催します。
　弥生美術館の場合、高畠華宵の作品はつねにご覧いただけますが、蕗谷虹児や加藤まさをの作品の展示については企画展の内容によりますので、事前に電話で確認をお願いします。

弥生美術館
所在地：　〒113-0032　東京都文京区弥生2-4-3
　　　　　03-3812-0012（代）

竹久夢二美術館
所在地：　〒113-0032　東京都文京区弥生2-4-2
　　　　　03-5689-0462（代）

交通：　東京メトロ
　　　　千代田線根津駅下車1番改札口より徒歩7分
　　　　南北線東大前駅下車1番改札口より徒歩7分
　　　　バス
　　　　JR・地下鉄丸の内線お茶の水駅の聖橋口より
　　　　東大構内行バス終点下車徒歩1分
　　　　（当館は東京大学弥生門前）

開館時間　午前10時から午後5時
　　　　　（入館は午後4時30分までにお願いします）
休館日　　月曜日
　　　　　（ただし、祝日と重なる場合は、その翌日）
　　　　　年末年始（1週間）
＊展示替えのため臨時休館することがあります。
＊感染症拡大の状況によって、開館時間や休日が変更になる可能性があります。ご来館の際には、ご確認ください。

入館料　（二館ご覧いただけます。）
　　　　一般　　　　　1000円
　　　　大学・高校生　 900円
　　　　中・小学生　　 500円

URL http://www.yayoi-yumeji-museum.jp

[編者紹介]
中村圭子（なかむら・けいこ）
1956年生まれ。
中央大学文学部哲学科心理学専修卒業。
弥生美術館学芸員。
主な編著に『昭和美少年手帖』『日本の「かわいい」図鑑』
『魔性の女挿絵集』『橘小夢画集』『谷崎潤一郎文学の着物を見る』
『奇想の国の麗人たち』（いずれも河出書房新社）などがある。

らんぷの本
mascot

新装版 昭和モダンキモノ
抒情画に学ぶ着こなし術

2005年1月30日　初版発行
2011年6月30日　新装版初版発行
2020年9月20日　新装版初版印刷
2020年9月30日　新装版初版発行

編者　弥生美術館　中村圭子
発行者　小野寺優
発行所　株式会社河出書房新社
〒151-0051 東京都渋谷区千駄ヶ谷 2-32-2
電話　03-3404-1201（営業）
　　　03-3404-8611（編集）
http://www.kawade.co.jp/
装幀・レイアウト　澤地真由美
新装版装幀　日向麻梨子（オフィスヒューガ）
印刷　凸版印刷株式会社
製本　大口製本印刷株式会社
Printed in Japan

ISBN978-4-309-75046-0

落丁本・乱丁本はお取り替えいたします。

本書のコピー、スキャン、デジタル化等の無断複製は著作権法上での例外を除き禁じられています。

本書を代行業者等の第三者に依頼してスキャンやデジタル化することは、いかなる場合も著作権法違反となります。